不動産業独立・起業への挑戦

小板総業株式会社代表取締役
小板 蠢《しゅん》繭《じ》 著

プラチナ出版

昔、暴力団に山に連れて行かれた

函館の街は、津軽海峡に突き出た函館山を扇の要として、北に扇形の大地が広がっています。その広がった大地の奥に、函館の水源であるダムがあります。私は男二人に車に乗せられ、そのダムの脇の道を登り、上の水源地に連れて行かれました。紅葉が水面に映っているだけの人気《ひとけ》のない場所です。

「おい、金返せ」

若い男は短刀を私の脇腹に押し付けています。私は黙っていました。

「仲介料入っているんだろう。金利だけでも払ってくれよ。うん?」

年配の男は、つくり笑いで諭すように言います。

私は彼らの親分から、月1割の利子でお金を借りていました。多少の仲介料は入っていましたが、家賃と電話代に消えていました。どちらもたまっていて、払わなければ仕事を続けていけません。

脅かしとはわかっていますが、年配の男はともかく、若い男は何をするかわかりません。

若い組員は上に認めてもらうため、多少の乱暴を働くことは、よくあることです。

これが25年前の私の姿です。


今、コロナ禍が私たちの生活を苦しめています。営業したくても国の規制で店を開けられない。仕事がなくなり、失業、減給、または倒産。

将来に夢を持てず、自殺する人も増えています。

このような閉塞感のある今の状況は、25年前の私の記憶を呼び起こしました。

コロナ禍はやがて終わるでしょう。今までさまざまな疫病に、人間は勝ってきました。今回も絶対に人間が勝ちます。今がどんなに苦しくても、必ず朝は来ます。

しかし、元の社会には戻りません。アフターコロナの社会はすでに始まっています。

インターネットの普及により、オンラインで仕事をすることが、当たり前になってきました。

必要以上に移動しなくても、良いようになります。満員電車に積み込まれて会社に行き、そこを拠点として働くことは、少なくなるでしょう。都会に住むばかりが人生ではありません。

生き方に対する価値観も変わります。

この本を手に取ったあなたは、現状に満足していないはずです。コロナ禍で苦しんで、なんとか打開しなければならない。または、自由に生きたい。自分の力をためしてみたい。もっとお金が欲しい。つまり、心のどこかに「独立・起業」を夢見ているのです。

この本のねらいは、このようなあなたの気持ちに「不動産」の分野で寄り添い、独立・起業を勧めることです。

私は77歳ですが、30歳で不動産業界に入り、今も現役で仕事をしています。

暴力団に山に連れて行かれながらも、長年、不動産業を営んできただけの男です。

学者ではないので、論証不足や、経験だけの勝手な判断で書いているところも、多々あると思います。

成功体験の本ではありません。

成功するためのヒントを考える本です。

「不動産業」で独立・起業を考え、今の生活を変えようとしているあなたに、私の経験を踏まえて、少しでもヒントになればと思いペンを取りました。

気楽に読んでください。

「少ない資本で、大きな商い」

これが不動産業（宅地建物取引業）です。

ぜひ、挑戦してください。

人生、一度きりです。

目次

第2章　起業するには失敗から学ぶ

第3章

不動産開業の第一歩、慎重にして大胆に

第4章

不動産は情報産業
成功と失敗の分かれ道は、情報の量と質によって決まる

第5章

コロナ禍後の不動産業（宅建業）の生き残り作戦

カバーデザイン　吉村朋子／イラスト　川田あきひこ
DTP　トウェンティフォー

第1章

アフターコロナを見据えて

ピンチをチャンスに

©Pexels

この章のねらい

今まで自由に生活していたのに、突然おそってきたコロナ禍。長引くコロナ禍で経済は落ち込み、先の見通しが立ちません。大半の人が生活が苦しくなっています。

そういうなかでもなんとか、生活を立て直そうと頑張っている人たちがいます。

この機会に独立・起業を目指す人たちです。

この章では主に次のことを紹介しています。

1．独立・起業を目指す人たちに、なぜ今独立・起業なのか、冷静に判断してもらい、決心の固まったところで、不動産業（宅地建物取引業）での独立・起業を推します。

2. 不動産業（不動産という商品）の特性を理解してもらい、「小資本で大きな商い」のできる宅地建物取引業（法）の大枠を説明します。
3. 情報産業である宅地建物取引業が、いかにアフターコロナ後の社会に適しているか、実例をもって証明します。

1　なぜ独立・起業したいのか、もう一度考えてみよう

今の社会で収入（お金）を得るには大きく分けて二つの手法があります。

1. 自分の能力・知識・労働力を他人に提供して収入を得る（会社員・公務員等）
2. 自分の能力・知識・労働力を自分のために使って収入を得る（自営業者・プロスポーツマン等）

この本を手に取ったあなたは「自分で独立・起業して成功したい」という欲求が心の底にあると思います。つまり、後者のほうです。

特にインターネットがインフラの一部になってから、ユーチューバーのように

今まで考えられなかった職業で、何千万円というお金を手にすることができる時代です。

マスコミの宣伝を含め、本屋に行くと、さまざまな成功体験の本が並んでいます。

しかし、「独立・起業」を急ぐ前に、今の自分の置かれている立場を冷静に分析してみませんか？

一般論としてのサラリーマンでいることの**メリット、不安（デメリット）**を考えてみましょう。

サラリーマンとしてのメリット

1. 毎月決まった日に給料が入る
2. 定期的に休みが取れる、週休2日制もある
3. 自分に与えられた仕事以外余計な仕事をしなくて良い
4. それなりに頑張れば昇給昇進の道がある
5. 大企業（有名企業）に勤務している人であれば、世間体が良い　等……

サラリーマンであることの不安

1. 厳しい社会情勢で会社は大丈夫だろうか?
2. 合理化やリストラの対象にならないだろうか?
3. 給与が安い。定年後が心配
4. 嫌な上司、気の合わない同僚と仕事をするのが苦痛だ
5. 仕事に変化がなく、生きがいを感じない　等……

① 次に、独立・起業をした場合のメリット・不安を整理してみよう

独立・起業したときのメリット

1. 自分の夢に向かって素直に邁進できる
2. 自分の意志で会社・物事（仕事）を動かすことができる
3. 嫌な上司・同僚に気を使わなくて良い
4. 自由な時間に仕事ができ、縛られない
5. 成功すればサラリーマン時代よりも大きな収入を得られる　等……

独立・起業したときの不安

1. 安定した収入がなくなる。すべては自分でお金を稼ぐしかない
2. 事故・病気になっても補償はない
3. 場合によっては自分が苦手な仕事をしなければならない

4. サラリーマン時代には考えられなかった責任が発生する。すべては自己責任
5. 時間があるようで、多くの場合サラリーマン時代より忙しい　等……

どうでしょう。他にもメリット・デメリットはあると思いますが、このように見てみると、独立・起業することは人生の賭けです。

本当に起業したいのか、立ち止まって自分自身の胸に問いかけてください。

起業する動機はいろいろあります。

しかし、常に不安とリスクはついて回ります。これらに打ち勝つには、「成功」する夢を持つことです。どんなことがあっても「成功する」という強い意志を持つことです。できるだけ具体的に「成功した」夢を持つことです。

もう一つ大事なことがあります。それは、一人で独立・起業を決心しないこと

です。家族や信頼できる友人に相談して、独立・起業を客観的に判断することです。特に家族がいる人は、家族の同意が絶対条件です。苦しいときに助けてくれるのは家族です。

あなたは、絶対「成功する」という夢（決心）はありますか？

なければこの本はここで閉じて、トイレに行って便器に座り、もう一度ゆっくり考えてください。それでも迷うようであれば、用を足して寝てください。

私は東京でサラリーマン生活をしていましたが、父親が病気になり働けなくなったので、長男ということもあり、函館に戻ってきました。27歳のときです。当時、田中角栄元総理の「日本列島改造論」が出版され、日本列島が土地ブームで湧いていました（図表1―1）。

「土地を買えば儲かる」という、今では考えられない時代でした。

私はそのときの社会の影響もあって、宅地建物取引主任者（現在、宅地建物取引士）の資格を取っていました。

函館でその資格を活かし（実務経験ゼロ）、不動産会社に勤めました。分譲地の販売です。固定給では生活できず、歩合給が主な収入源です。生まれたばかりの子どもがいました。土地神話はまだ続いており、土地の売買は儲かるものだと思っていました。生活に不安がありました。ノルマを達成しても、翌月はまたゼロからの出発です。

30歳のときについに独立・起業しました。不動産会社「小板総業株式会社」を起こしました。「動機」は生活のためです。夢は親を安心させ、家族を貧乏にさせたくないという一心です。社会のためとか、人の役に立つとか、そんなことは考えたことがありません。

起業すると決心したときの「動機」が夢です。

図表1－1 『日本列島改造論』と同書に掲載された国土開発幹線自動車道網図

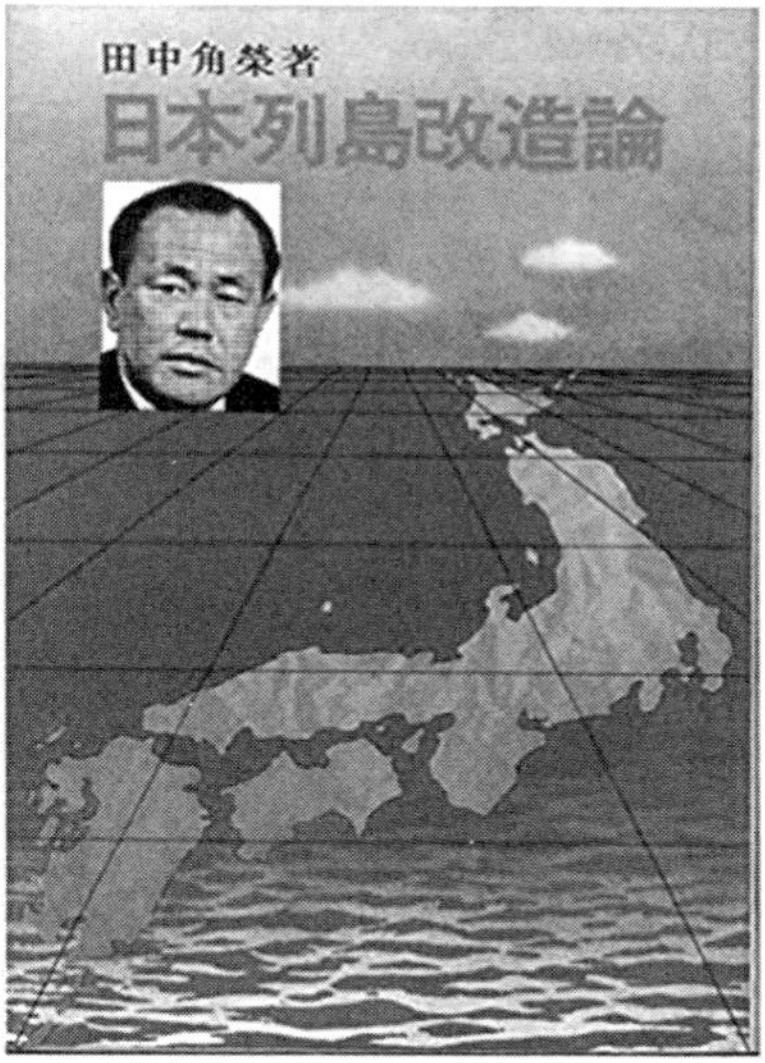

1972（昭和47）年に発行された本ですが、今の日本が抱えている諸問題（都市一極集中、環境問題、エネルギー、JR、交通問題等）の予測が的中し、また、ヒントになることが多く書かれています。一読を勧めます。

著者　田中角栄
出版社　日刊工業新聞社

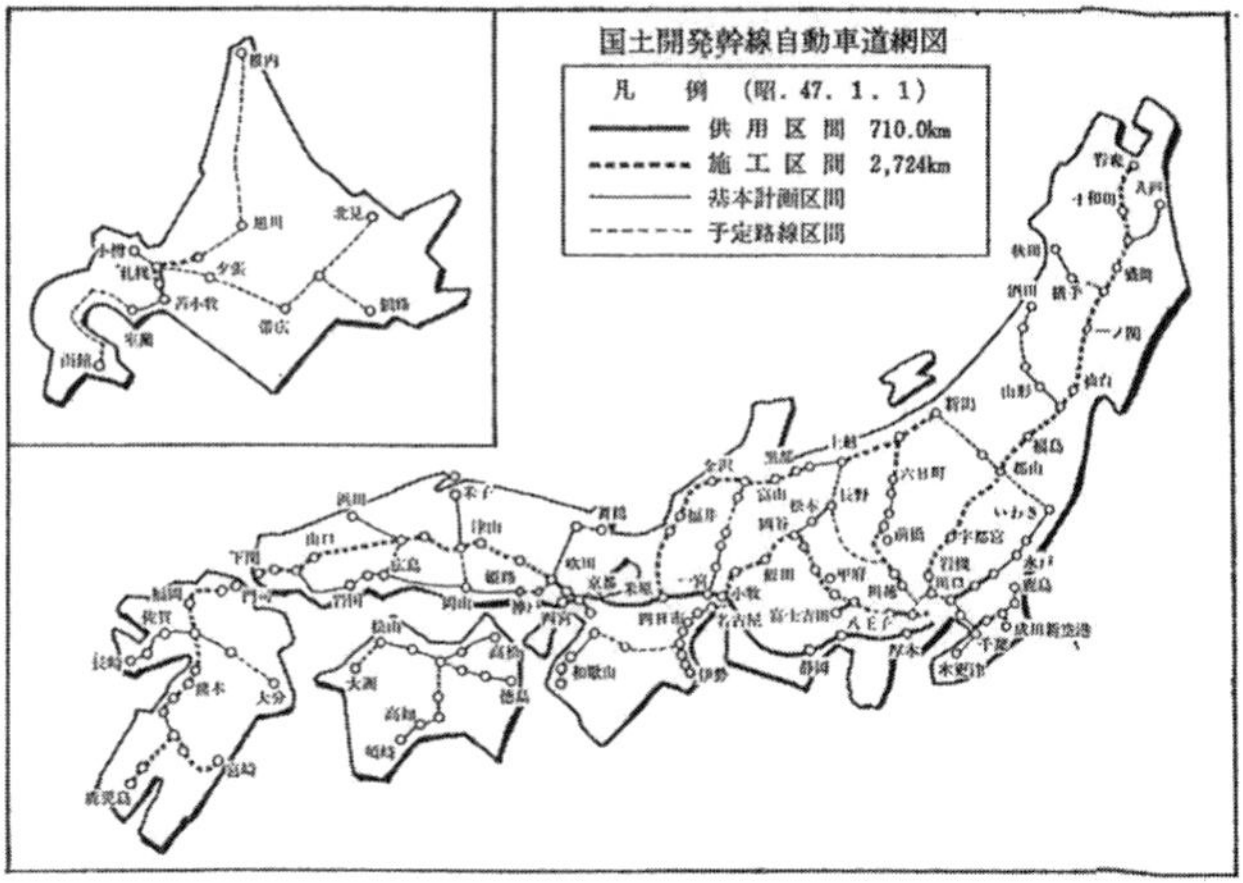

② 起業する決心はつきましたか？

独立・起業の仕方には、いろいろなパターンがあります。**次に主なパターンをまとめてみます。**

1. 現在勤めている会社の仕事の延長線で独立する（車の整備工場に勤めていて、辞めて自分で整備工場を立ち上げる）
2. 技術を取得して独立する（美容師等）
3. 資格を取って開業する（税理士等）
4. 親の後を継ぐ（後継者）
5. 夢を実現するために独立する

あなたはどのタイプですか？

私は不動産業（正しくは宅地建物取引業）で独立・起業することを勧めます。

不動産業は比較的少ない資本で開業できます。特別な技術や資格はいりません（重要事項説明などの業務で宅地建物取引士の資格は必要ですが、本人に資格がなくても開業できます）。ただし、人脈が豊かな人が成功する確率が高い職業です。

1回の取引で得る収入が大きいです。

2　なぜ、今不動産業での独立が良いのか

人間が生きていくため最低限に必要なものは「衣・食・住」です。不動産業はこの「住」の部分を担っている大事な産業の一つです。洞窟で生活していた時代から、今日まで、人間は外敵から身を守り、気候の寒暖差に対応できるように「住まい」を考え、発展してきました。やがて、「個の住まい」でなく、街づくり、都市の再生まで考えるようになり、これが「不動産業」の原点になりました。

不動産業は国の基盤である土地や、日々の生活を送るための建物を扱う一大産業であり、その周辺の業種を合わせると、経済効果は日本全体の経済に大きな影響を与えています。

しかし、以前は不動産業界で働く人たちの社会的信用、地位は低いものでした。昔は「周旋（しゅうせん）屋」、バブル期は「地上げ屋」、今でも「不動産屋」。負のイメージの強い業界でした。私がこの業界に入った昭和50年代でも、まだ社会的認知度の低い状態でした。

たとえば、不動産詐欺事件が起きると、新聞・テレビ等のマスコミは「不動産業者」という言で報道していました。事件を起こしたのは、自称不動産業者で無許可のモグリ業者です。

国から営業許可の免許を受けた業者が正式な「不動産業者」です。当時のマスコミでさえもこのような状況でしたから、一般の人が「不動産業者」を良く思わないのは当然でした。

今は違います。

営業していくために必要な宅地建物取引士も、以前は社員数に関係なかったのですが、今は社員5人に1人必要です。

業界自体がさまざまな試験、資格制度を作り、業界に働く人たちの質の向上に努めています。

国も不動産取引における媒介制度（後述）の導入など、業界全体の質の底上げを行っています。

また、不動産フランチャイズも多数できています。大学でも不動産専門の学科があります。

最近のテレビドラマでもホームドラマとして、不動産業界が取り上げられています（悪人ではなく）。ひと昔前のイメージとは隔世の感があります。

不動産フランチャイズチェーンの草分けである「*住通」に加盟していたとき、アメリカへ不動産研修に行きましたが、不動産業界の全国大会では、社会貢献した会社を表彰していました。

＊「住通」・・・1981年に「住通チェーン」として創業した日本最初の不動産フランチャイズで、以前はERAブランドとして展開していた。ERA（Electronic Realty Associates）とは、不動産の世界3大ネットワークの一つであり、ITを駆使し、日本国内だけでなく世界30カ国以上で展開している。現在日本では建材住宅機器業界最大手のLIXILグループの中の株式会社LIXILイーアールエージャパンが、不動産サービスを展開している。

また、不動産オーナーの自宅も訪ねたりしましたが、そのとき感じたことがあります。

命を守るのは医師

権利を守るのは弁護士

財産を守るのは不動産業者

この三つの職業は、アメリカではステータスな職業とされていると感じました。昔は医師、弁護士も地位は低く、決して尊敬される職業ではありませんでした。しかし、業界自体が自らの地位の向上・発展に努め、国も簡単には職に就けないように、試験・資格制度を設け、今日の医師・弁護士の高い地位を築き上げたのです。日本の不動産業界も、今その発展途上にあります。いずれはアメリカのように世間で尊敬されるステータスの職業になります。

この業界に入ることに誇りをもってください。

3　不動産とは何か

不動産業を始める前に、その対象となる「不動産」とはいったいどういうものなのか、しっかり確認しておく必要があります。

私たちは、家庭でも職場でも土地・建物に囲まれて生活しています。不動産（土地・建物）のない世界は、大げさに言えば人類そのものが存在できないということです。

不動産の定義は、民法に書いてあります（図表1―2）。

（民法11条）

1.「土地およびその定着物は、不動産とする。」

2.「不動産以外のものは、すべて動産とする。」

とあります。

図表1―2　不動産の定義

不動産とは土地とその定着物（建物）

さまざまな土地

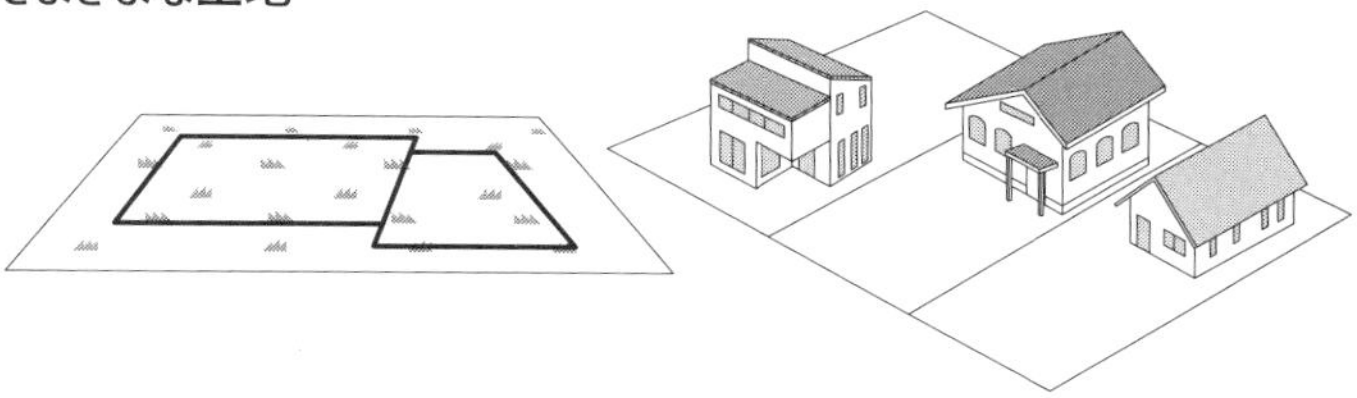

土地は使いみち（用途）によって、さまざまな種類に分かれる。住居を建てるための宅地。山林や原野、田畑のような農地などがあり、それぞれに法律の規定がある。

建物の定義

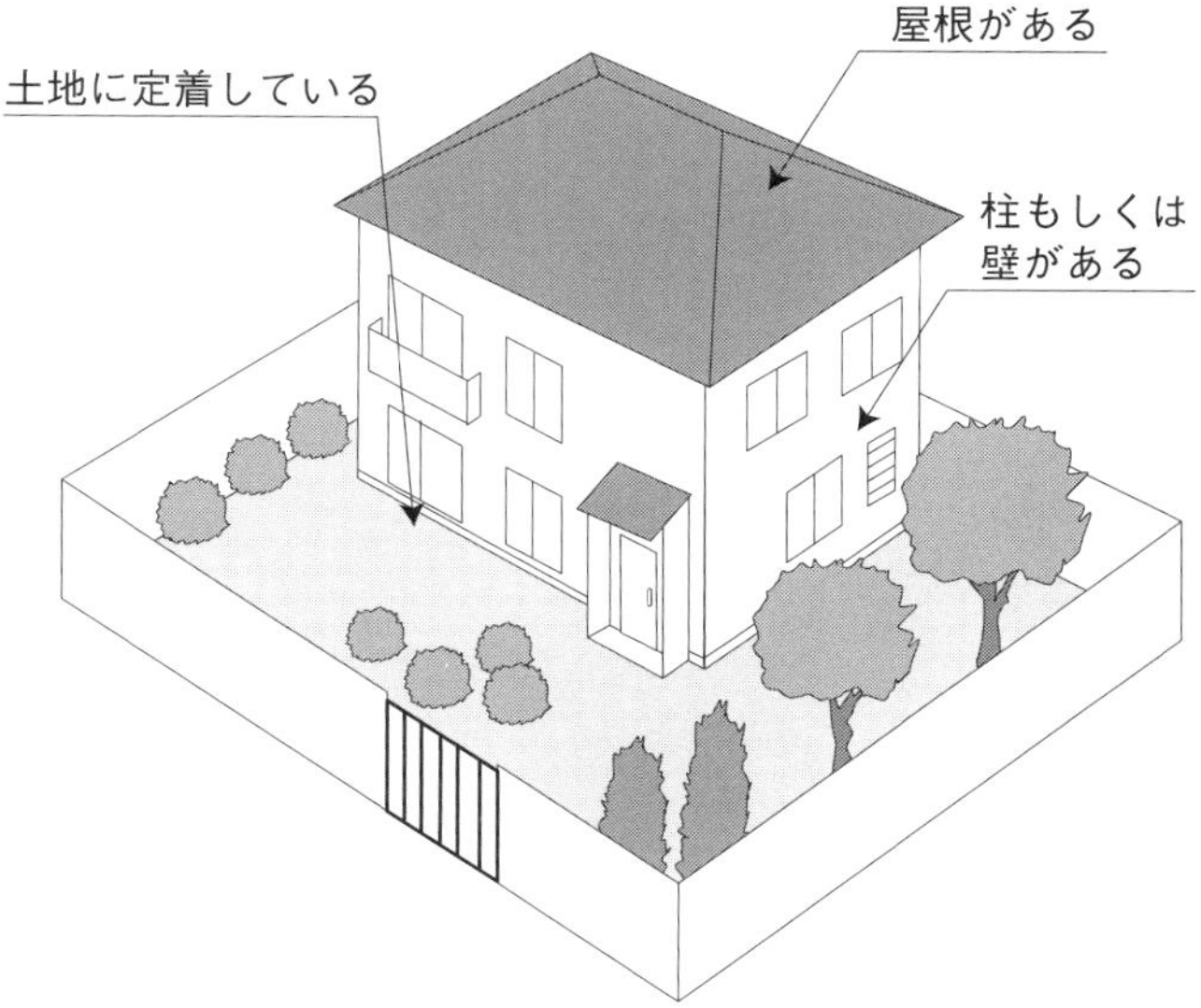

これではわかるようでわかりません。「定着物」とは、土地に固定されて動かせないもののことです。

また、法律では「土地」そのものについての定義はありません。

土地＝地面（じめん）は地球の大地（陸地）を人間が勝手に切り取って線を引いたものです。大きくは国境、小さくは隣の家との境界です。

① 土地の特徴

1. 再生できない（造成は大地の形状を変えただけ）
2. 動かすことができない
3. 同じものがない
4. その時の社会環境の変化によって、さまざまな使い方ができる（田畑にしたり、ビルを建てたり）

5．所有するためには登記が必要

不動産には、「土地」と「建物」がありますが、それぞれ別の不動産になります。土地の上に一軒家が建てられていても、土地と建物の2個の不動産で、それぞれ別の所有者がいる場合もあります。

土地はそれらの利用状況によって、いろいろな名前がついています。

・**更地**（さらち）：土地の上に建物等何もない空地。使いみちが自由で、取引価格でも一番高い土地
・**底地**（そこち）：他人の建物が建っている土地。または単に建物が建っている「底の土地（敷地）」という意味で使われる場合もある。
・借地（権）：人に貸している土地。借り手側からみると、自分の建物を建てるために他人の土地を借りる権利

・**建付地**（たてつけち）：建物が自分のもので、土地部分を切り離したときの呼名

・**敷地権**（敷地利用権）：マンション等の区分所有建物において、建物と一体化した土地のことで、建物から切り離して、土地のみの売買はできない。

このように土地の売買については、所有権の形態によって取引価格の差が出ます。

② 建物の定義

建物も不動産と定義されています。建物の定義には、関係する法律によって多少の違いがあります。

（建築基準法2条1号）

建築物 **土地に定着**する工作物のうち、**屋根**および**柱**、もしくは**壁**を有するもの（これに類する構造のものを含む）、これに付属する門もしくは塀、観覧のための工作物または地下もしくは高架の工作物内に設ける事務所、店舗、興行場、倉庫その他これらに類する施設（鉄道および軌道の線路敷地内の運転保安に関する施設ならびに跨線橋《こせんきょう》、プラットホームの上家、貯蔵槽その他これらに類する施設を除く）をいい、建築設備を含むものとする。

（不動産登記規則111条）

建物は、屋根および周壁またはこれらに類するものを有し、土地に定着した建造物であって、その目的とする用途に供し得る状態にあるものでなければならない。

建築物と建物の用語の違いはありますが、実務上では難しく考える必要はありません。屋根・柱・壁があり土地（基礎）に定着しているかどうかで判断すれば良いと思います。

また、法務局に登記されていれば取引の対象になります（まれに未登記の建物もありますので調査が必要です）。

不動産業とは、これら不動産（土地・建物）を商品化し、売買・賃貸して収入を得る仕事なのです。

4　不動産業の分類

不動産業は、次のページの図表1―3に掲載したように大きく分けて五つの仕事に分類されます。

このようにひと口に不動産業といっても、会社の規模や地域によって、営業の形態が違い、一つの分野にしぼって経営している会社は少ないです。

たとえば開発と分譲、仲介と賃貸管理を組み合わせているようにさまざまです。

図表1—3　不動産業の分類

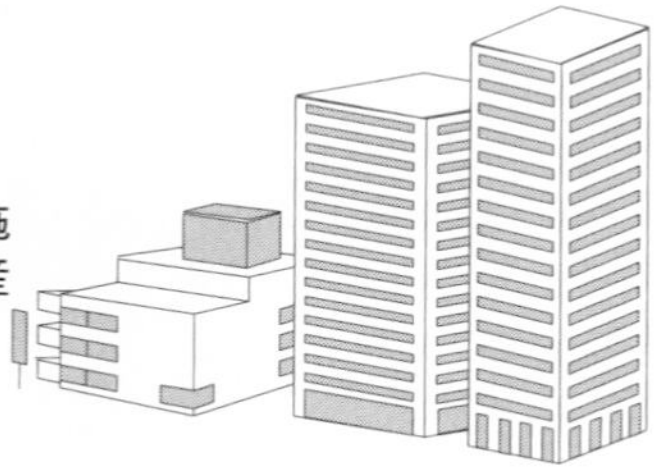

1　開発業

大規模なニュータウン市街地開発、商業施設開発、リゾート開発がある。大手の不動産会社や、行政も行う場合がある。

2　分譲

まとまった土地を仕入れて造成し、販売する宅地分譲。住宅を建て販売する戸建て分譲。マンション分譲。ハウスメーカーが多い分野

3　賃貸業

不動産会社自体が貸主となり、貸家・マンション・オフィスビルや商業施設を建てて賃貸する仕事。大手では三菱地所や森ビル等が該当

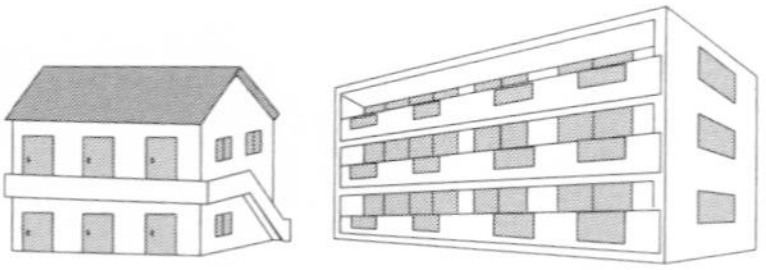

4　不動産仲介業

不動産（土地・建物等）を売主（貸主）・買主（借主）の間に入って仲介（媒介）、代理をする仕事。比較的小資本で開業できる分野。ただし、高額で他人の大事な財産を扱う仕事なので資格と許認可が必要。この本で扱う分野は「不動産仲介業」

5　不動産管理業

不動産管理業といっても幅広く、会社の規模によって対象となる建物が違う。

マンションやビル管理・病院・公共建物・施設の管理。最近のハイテクビルでは、設備管理・空調・給排水・電気設備などのための専門的な資格や技術が必要。

賃貸アパート、マンションの管理は「クレーム産業」ともいわれ、苦情処理にも対応しなければならない。不動産仲介業者と兼務しているのが多い分野

5 開業するには、宅地建物取引業（宅建業）の免許が必要

先の「不動産業の分類」で述べましたが、あなたがこれから開業するのは、不動産仲介業です。正式名称は「宅地建物取引業（宅建業）」です。

宅建業は、宅地建物取引業法（宅建業法）で、「宅地建物の取引」を「業として行う」と明確に定義されています（図表1―4）。

宅建業法の条文で明記されている業務内容は、

・宅地・建物の売買・交換
・宅地・建物の売買・交換・賃貸の代理
・宅地・建物の売買・交換・または賃借の媒介

図表1—4　宅地建物取引業の意味

1　「宅地」または「建物」の「取引」を「業」として行う場合、宅建業の免許が必要。

2　「宅地」とは、
①　現に建物が建っている土地
②　建物の敷地に供する目的で取引の対象とされる土地
③　用途地域内の土地（潜在的に建物の敷地として予定されている土地）
ただし、道路、公園、河川、広場、水路となっているものは除く。

3　「取引」とは、
①　自ら売買、交換。
※自ら貸借（転貸借）は「取引」に当たらない。自ら貸主として賃貸借契約を締結する場合には宅建業法の規制が及ばない。
②　売買、交換、貸借の代理
③　売買、交換、貸借の媒介（仲介、あっせん）

4　「業」とは、不特定多数の者に反復継続して行うこと。

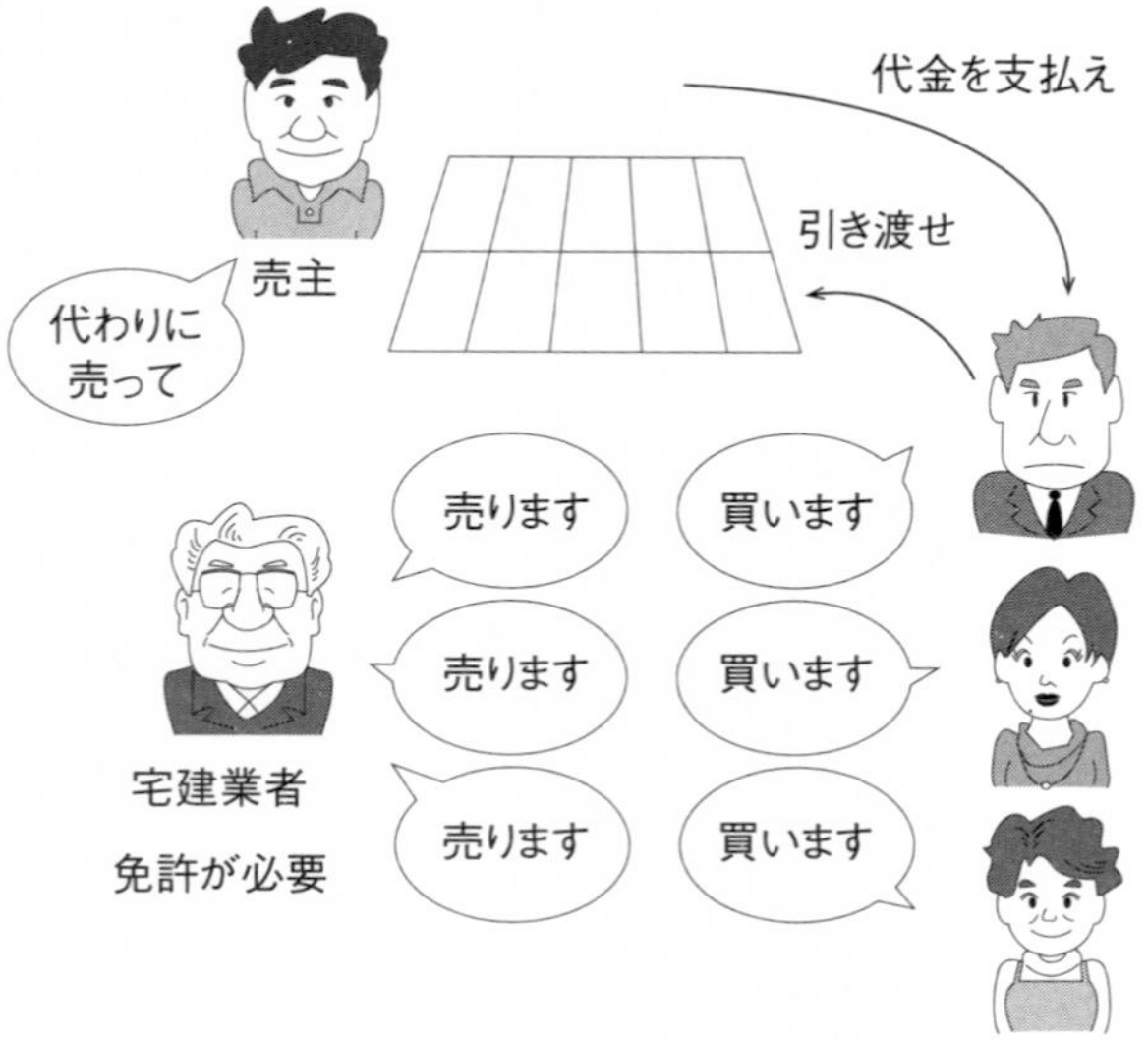

最近では２０２０年6月12日に制定された賃貸住宅管理業法によって、賃貸物件（アパート・マンション等）の管理業も宅建業の大事な収入源になっています。

宅建業者には誰でもなれるものではありません。

宅建業法は、悪質業者を排除し、不動産知識に乏しい一般消費者を保護し、国民の大切な財産（不動産）を守り、さらには宅建業界の健全な発展を促進するという目的のための法律です。

宅建業法の三つの大きな柱をあげておきます。宅建業を開業するための重要な条件です。

1．免許制度

売買は自由にできて良いはずですが、市場を自由にすると悪質な人が出てきます。そのために免許申請には、一定の厳しい条件をつけています(例・禁錮以上の刑または宅地建物取引業法違反等により罰金の刑に処せられた場合等)。

2. 宅地建物取引士(宅建士)

宅建士は不動産会社に属していますが、不動産に関する正しい知識をもって、消費者に物件の詳細な説明をし、お客様に不利な条件がないかをチェックします。

これらを文書(重要事項説明書)にして、宅建士自身が記名押印し、お客様の署名をもらう仕事です。契約する前に説明します。

宅建士は国家資格です。従業員5人に1人の有資格者が必要です。経営者自らが宅建士の資格を持っていることに越したことはありませんが、有資格者を専任として雇用することも可能です。

3．営業保証金制度

不動産取引が他の取引と違うことの一つに、個人の顧客としての取引金額が大きいことです。

取引最中に手付金を受け取った業者が、倒産等で消費者に損害を与えた場合、民事上の損害賠償とは別に、「宅建業者と取引をして、損害を受けた顧客のみ請求できる制度」が営業保証金制度です。保証額は1000万円が限度です。

宅建業者は1000万円を法務局に供託します。

しかし、1000万円もの大金を営業期間中拘束されるわけですから、個人・零細企業にとって厳しいです。

そこで日本には、二つの保証協会制度があります（図表1―5）。

どちらも供託する保証金は本店60万円、支店30万円です（加入金・会費は別）。

図表1—5　保証協会への加入

- **全国宅地建物取引業保証協会**（東京都千代田区岩本町2丁目6- 3）
  公益社団法人全国宅地建物取引業協会連合会（全宅連）の保証協会

- **全日本不動産保証協会**（東京都千代田区紀尾井町3-30）
  公益社団法人全日本不動産保証協会（全日）の保証協会

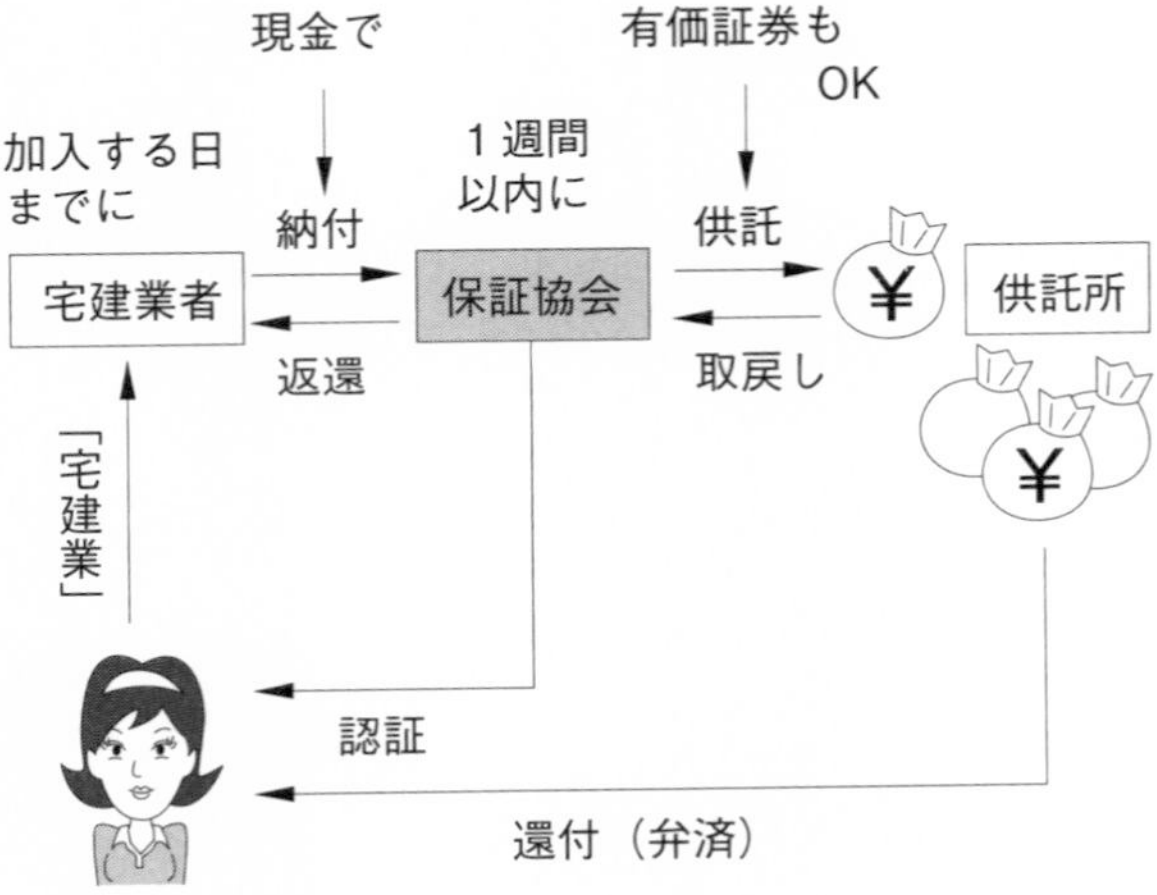

60万円の供託金で1000万円の保証をしています。会員同士の相互扶助です。全国の不動産会社のほとんどがどちらかの団体に加盟しています。

宅建業の免許は、事務所が一つの都道府県内であれば都道府県知事の免許となり、複数の都道府県にまたがるようであれば国土交通大臣免許となります。営業だけを行う場所は制限されていません。

つまり、北海道知事の免許を持っている函館の業者が、東京に行って不動産の取引をしても良いのです。

ただし、事務所をかまえて継続的に営業活動を行う場合は、支店登記をして宅建業の免許を取得しなければなりません。

国内最大級規模の国家資格「宅地建物取引士」について

ここで「宅地建物取引士」の説明をしておきます。

「宅地建物取引士」の受験者数の推移をみると（図表1―6）、コロナ禍のときに一時減少したものの、ここ数年は増加し続け、申込者数は30万人に近づいてきており、取得すれば一生涯更新することができ、独立・開業へつながる大きなメリットとして、皆さんも挑戦してみてはいかがでしょうか。

図表1−6　直近20年間の宅建士試験申込者・受験者・合格者数の推移（人）

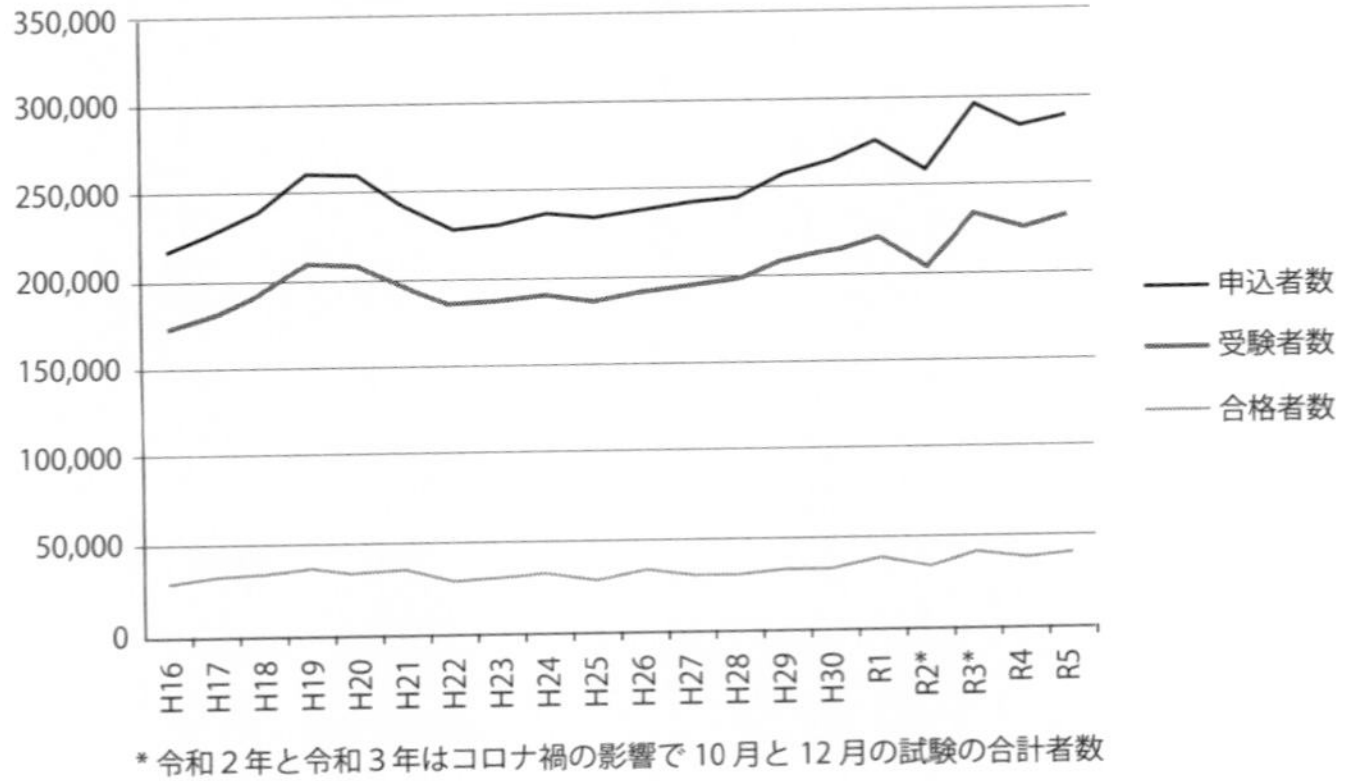

＊令和２年と令和３年はコロナ禍の影響で 10 月と 12 月の試験の合計者数

6　宅建業はアフターコロナに向いている

函館発祥の不動産ポータルサイト「函館不動産連合体」にマンションの売買仲介の物件を載せました（不動産の広告には「不動産の表示に関する公正競争規約」等の法律があります）。

物件の表示は省略して、紹介文を載せます。

> 函館山の麓に元町という街があります。教会・寺院が立ち並び落ち着いた雰囲気の街です。路面電車が走っています。海が近く釣りもでき、港にはときどき大型外国船（クルーズ客船）が入って来ます。
> 10階建てのマンションの窓からは100万ドルの夜景が見えます。

不動産連合体のネットで見たという、中年男性のお客様をこのマンションに案内しました。

私は物件の説明をしましたが、お客様は話を聞いている感じがしません。お客様は、説明は「いいよ」という素振りで、スマホを取り出し、各部屋の中を撮り始めました。画像を誰かに送り、話したりうなずいたりしています。指示されたのか、とくに台所周り、トイレ、ユニットバス等を撮り送信しています。

私はベランダに出て、外の景色を見ていました。

しばらくして、

「思ったとおりの物件です。妻も賛成です」

今までの難しい顔から、笑顔になっていました。

私は何を営業したのだろうか？

2020年の1月に中国の武漢市で、新型コロナが発生したとき、私は対岸の火事だと思っていました。

今のように「コロナ」が全国を走り回り、日常の生活、経済が混乱するとは夢にも思っていませんでした。

あっという間にコロナウイルスという疫病は、世界のあらゆる方向に飛び出し、パンデミック（世界的大流行）となりました。

しかし、人類は過去において、さまざまな疫病（黒死病、マラリア、コレラ、エイズ、天然痘等）と戦い、勝ってきました。

これまでもパンデミックの終わった後、世界のあり方、社会の仕組み、人の生き方が変わってきました。

コロナ禍が終わった後、社会はどうなるのでしょうか？

コロナ禍によって人の往来が制限されました。居酒屋での飲み会から、いろいろなイベントまで集客に制限ができました。「三密」ということで、個人間の接触もままならない状態です。

会社（特に大企業）は出勤を控え、自宅で仕事をさせるテレワークが一気に広がりました。各種セミナーや学校の授業もオンラインで行うのが当たり前になってきました。

演劇人（芸能人）は、ビデオに発表の場面を撮り、オンラインで流し収入を得ることを始めました。

コロナ禍のおかげで（？）オンラインを利用することが常識となりつつあります。このことはコロナ禍が終わっても、社会の仕組みの一つとして残るのは間違いありません。

当然、人の生き方も変わるでしょう。都会一極集中でなく、自然豊かな地方で生活する人が、今以上に増えるでしょう。

オンラインが整備されることにより、地方でも都会と結びつき、経済が成り立つことがわかってきました。

では、不動産業界、特に宅建業界はどうでしょう？

高額商品を扱う不動産業は「対面」で仕事をするのが原則です。

しかし、「対面」で行うのが原則であった「重要事項説明」が「IT重説《アイティーじゅうせつ》」というインターネットでのオンラインの説明で良いと法律が改正されていました。

宅建業は情報産業です。

インターネットの発達していない時代の物件の情報は、新聞・チラシ・不動産情報誌等でした（図表1―7）。函館の物件は、函館とその近郊の人がお客様でした。

今、インターネット（SNS・不動産ポータルサイト・ブログ・ホームページ等）を利用し物件を紹介すると、全国のお客様からメールで問い合わせが来ます。

オンラインを利用して、物件の画像を送り、情報を共有し、意志疎通を図ります。

これもコロナ禍が、急速にオンライン化を推し進めた結果です。再生できない、動かすことができない（運賃コストがかからない）不動産という商品は、アフターコロナに向いている商品です。

宅建業は、アフターコロナにも生き残れる業種です。

冒頭で紹介した元町マンションの契約者様の話。

「私たちは事前にインターネットで物件の周りの環境を調べてあり、あとは物件の確認だけでした。

妻は用もあり2人で物件を見に来るのは費用の無駄です。スマホで撮った写真を妻に送り、確認してもらいました。妻は思ったとおりだと喜んでいました。

妻も私も定年間近で、函館に住むのが夢でした。定年になるまで別荘代わりに利用させてもらいます。

どうもありがとうございました」

図表1―7 インターネット「普及」を境にして、不動産情報（宣伝）はどう変わったか

インターネット以前	現在
・新聞広告（三行広告） ・チラシ （折り込み・ポストイン） ・不動産情報誌 ・物件公開日 ・ラジオ、テレビ ・紹介（人主体）	・不動産ポータルサイト ・ホームページ ・ブログ ・メール ・SNS（Twitter（X）、Facebook、Instagram、Lineなど） ・モデルハウス、モデルルーム ・ラジオ、テレビ ・紹介（人媒体）

特徴

・不動産情報誌（主に地域対象）が不動産ポータルサイト（全国対象）に変わったように、紙媒体の宣伝は脇役
・会社案内はホームページ、またはブログ等に変わっている。
・新聞広告は、特に三行広告は0に近い。チラシはSNSに席を譲っている。
・ラジオ・テレビのマスメディアは大手の自己満足
・紹介（人主体）は地味だがいまだ有力。今後も変わらない。

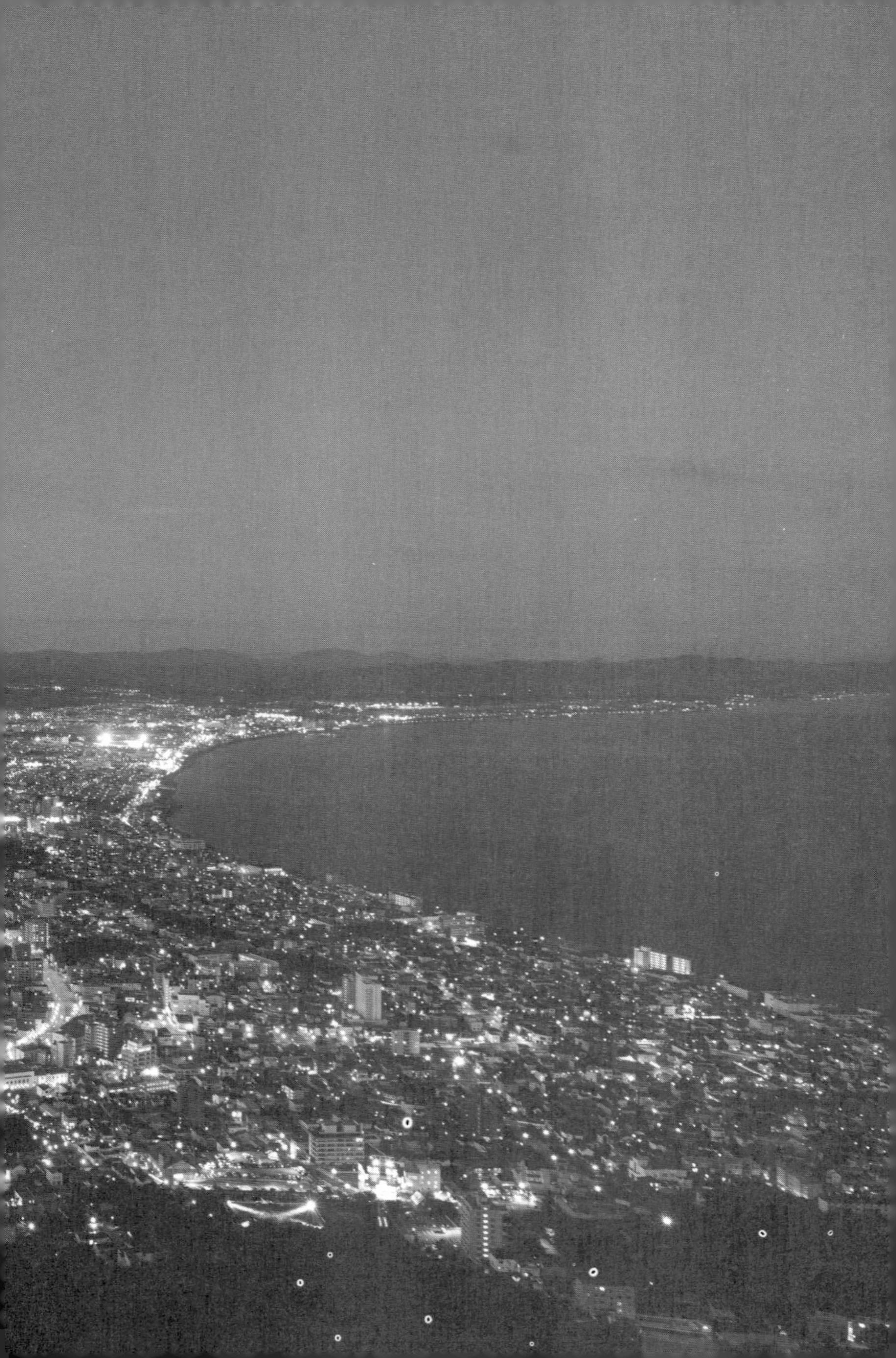

第2章

起業するには失敗から学ぶ

© Adobe Stock

この章のねらい

この本は成功事例の本でないと最初に述べました。どうやって成功したかより、なぜ失敗したかを学んだほうが起業するには大事です。なぜなら起業に成功するのは「まれ」で、失敗を重ねたうえに成功があるからです。

この章では、私が経験した次のような失敗の実例を紹介します。

・どの業種でも当てはまる一般的な事例（経営の形としての共同経営の是非・お金に関する考え方としての手形の扱い方等）
・宅建業におけるクレーム、トラブルの原因は？　ほとんどが調査不十分。その失敗事例

・また、失敗し経営に行き詰まったとき、どうやって生き延びるのか、そのいくつかの方法
・そこから見えてきた（反省した）失敗しないための最低の心構え等など

1　共同経営をするな

私が独立・起業したとき、一人で会社を起こすには自信がありませんでした。資金的にも十分でなかったです。

不動産会社に勤めていたとき、宅建士の資格を持った年配の人と知り合いました。

その人は（Kさんとします）ある不動産会社に宅建士の資格を貸していました。俗にいう「名義貸し」です。このころはまだ規制もゆるく、行政も厳しくありませんでした。

出勤しなくても良い名義貸しですから、たいした収入にもなりません。

私たちは意気投合して、二人で会社を起こすことにしました。Kさんは定年退職したばかりで、前の会社にも顔がきくということで「社長」です。

私は「専務」。

私の父の知り合いに大工さんがいました。

その大工さんの会社は、いかにも職人上がりという無口な社長と、帳面を見ている外交的な奥さんの二人の会社です。

数人の職人を使い、営業マンは置いていません。主に知り合いからの紹介で、リフォームや注文住宅で会社を経営していました。

私たちは建築工事も営業するということで、その建築会社の事務所の一角を借りて、共同経営を始めました。


函館にも大手のハウスメーカーが進出してきた時期です。ハウスメーカーは共同で「住宅展示場」を作り、新聞等で大々的に宣伝し、集客します。ノルマのかかった営業マンが、きれいなパンフレットを持って、しつこく営業をして歩きます。

個人の大工さんが太刀打ちできる時代は終わりつつありました。

私は建売りを提案しました。大工さんは実直な方で、銀行にも信用がありました。土地の仕入れ資金は心配いりません。

私が土地を探してきて、大工さんが家を建てる。

売れた時代です。地元の新聞に小さい広告を出して現場で待機しているとお客さまが来ます。せいぜい1棟か2棟の建売りですから、あまり苦労をしない営業でした。売れたらまた建てるというやり方です。

Kさんは現場に出ても、お客様の対応をしません。外でゴミ拾いをしていて、私のほうにお客様を回してよこします。契約はすべて私です。


大工の社長は朝から現場に行きます。

私は土地探しから、住宅の販売です。

Kさんは事務所にいてタバコをふかしています。

今思うとKさんは退職金や年金もあり、特に生活に困ってはいなかったのです。

私のほうは子どもができたばかりで、手を抜くことはできません。

若かったせいもあります。不満が顔に出るようになりました。表向きにはKさんが「社長」で、私が「専務」という立場ですが、あくまでも共同経営です。権限も責任も給与の配分も同格です。

日常的に私が仕事の指示をするようになりました。

温厚なKさんですが、やはり年下から何かを指示されるとおもしろくなかったと思います。

ギクシャクするようになりました。Kさんはときどき休むようになりました。

ある日、Kさんが話があると言いました。

「飲食店に勤めている息子が独立をする。親として息子の仕事を手伝わなければならない」

共同経営は解消です（今思うと年配者の心遣いだったかもしれません……）。

私は共同経営に失敗しました。共同経営というものを甘くみていました。組織というものを知りませんでした。二人以上で働くということは、組織の中で働くということで、組織である以上、指示する側と指示される側の立場を明確にすべきです。権限や責任が同格の組織は絶対ダメです。同格の共同経営は失敗します。

あなたが何かの事情で共同経営をするのであれば、出資額で差をつけたら良いと思います。

それに基づいて、権限・責任・配当（給与）などを明確にして文書化することです。また、共同経営を解消するときの条件も明記したほうが良いです。

最初が肝心です。

共同経営で成功する率は低いです。

私は会社が伸びていくときは、ワンマン経営が良いと思っています。

2 手形は麻薬。経営は現金主義

建築屋さんと組んで、建売りの手法もひととおり勉強しました。

ちょうど大工だった私の4番目の弟が独立し、建築会社を立ち上げました。

私は「土地探しから家づくりまで」をスローガンに、住宅部門にも手を出しました。地方番組のテレビのコマーシャルに「マイホームドクター」という増改築に的を絞った宣伝もしました。


都市計画法という法律があります。

中心部が「市街化区域」。商業施設や住宅街です。

その周りが「市街化調整区域」。原則、建築不可で畑などで利用しています。

さらにその外側が「無指定地域」。建築基準法等適用外です（図表2—1参照）。

図表2－1　都市計画図（概略図）

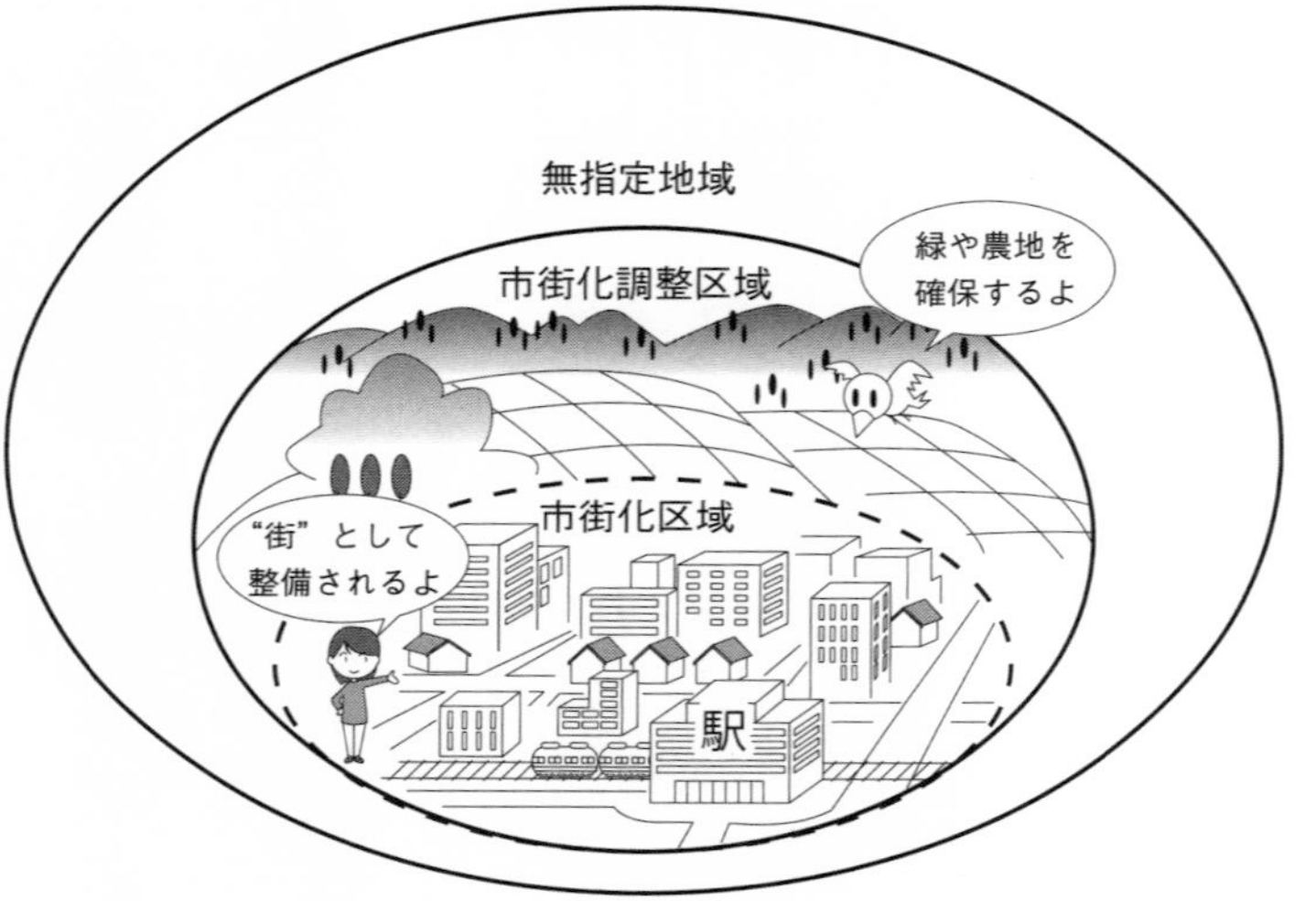

都市計画区域は線引き区域（市街化区域、市街化調整区域）と非線引き区域（無指定地域）に分かれる。

市街化区域
建物を建てて住み、事業、商売ができる。公共施設等も完備されている。
住居・工業・商業等の13の用途地域に分かれている。

市街化調整区域
農地や緑地の保全が優先される。原則、住宅は建てられない。

無指定地域
土地の利用に制限がない地域。生活インフラが未整備

いずれにしても実際の土地利用については各地域によって条例などがあり、行政に確認する必要があります。

当然、市街化区域は土地の価格は高く、市街化調整区域は、土地利用や売買に制限があります。無指定地域は法的規制がゆるく、その代わり、インフラ（上下水道・舗装・除雪等）整備がされていません。

私はこの無指定地域に目をつけました。

法的規制がゆるいですから、畑、土場《どば》の他に建物を建てることもできます。

私は無指定地域のまとまった土地を買いました。代金は数カ月後に決済するという「手形」です。分譲地は造成するので、仕上げて売れるまでに時間がかかります。ただし、売れるたびに按分して、地主に土地代を払います。地主は安心して納得しました。私は現金を用意する必要はありません。

きちんと区割りをし、分譲地の中の道路は舗装。電気は北海道電力。水道は井戸を掘りました。中心部からは遠いですが、車があれば生活に支障はありません。

現金で買う人以外は、マル専手形で販売しました。「マル専手形」というのは、当時車の販売で使っていた手形で、一種の分割払いです。

しかし、決済できないと「不渡り」となり、本人の信用に傷がつきます。利息はアドオン方式です。アドオンは最初の元本に利息をつけるので、元本が減っても利息は変わりません。売る側にしたら得な方法です。しかも、土地には払い終わるまで「抵当権」をつけておくので、払えなくなったら土地は返却してもらうという契約ですから、心配はいりません。

買った土地に住宅を建てる場合、当社に発注してくれるのであれば、私は一定の値引きをしました。

「手形」とはなんと便利なものだと思いました。

そのころ会社は順調に伸び、社屋を新築し社員も20名ほど抱え、業界団体の役員を何期もやり、この世の春でした。

さて、その「手形」ですが……、50歳のときに手形がらみで大変なことを経験します。

春先の天気の良い夕方、いつも工事を頼んでいる土建屋が会社に来て、いきなり、

「社長、手形貸してください」

「どうしたんだ？」と聞くと、ある現場で工事中に重機（ユンボ）が故障し、直らないと言う。

「どうすればいいんだ？」

「社長の手形があれば、重機屋で中古のユンボが買えます。期日は半年後で良いから、社長、頼みますよ。頼みます!!」

土建屋は必死の目で私に訴える。

私は次の現場をこの土建屋に頼むつもりでいました。古くからつき合っている業者だし、裏切ることはないだろう……。

私は手形を貸しました。

朝、銀行から電話が来て、手形決済のお金が入っていないと言う。その日の3時が手形の決済時間です。普通は前日に手形分の現金を、銀行の当座預金に入れておきます。私は頭から土建屋を信じていたので、当座預金の確認をしていませんでした。

私はあわてて業者に電話を入れました。何度電話を入れても連絡はつきません。携帯電話のない時代です。

結局、資金手当てがつかず、「不渡り」です。

私はその業者を信じていたので、まさか逃げるとは思っていませんでした。

落目《おちめ》の地獄、三途の川

地元の経済誌に、私の会社の「不渡り」の情報が報道されていました。

信用は時間をかけて和紙を一枚一枚重ねていくようにつけていきますが、信用を失うのは一時《いっとき》です。

取引先、社員にも迷惑をかけました。宅建協会の役員も辞め、アパート・店舗等すべて処分しました。妻は子どもを連れて家を出ていきました。自宅も売却。

後日、銀行の担当者と話をしました。

「御社の内容から見て、事前に手形の件を話してくれていれば、銀行として対応はできたかもしれない」

私の銀行との付き合い方が、いかに幼稚だったかということです。

傘の要るときに傘は貸さず、傘の要らないときに傘を貸すこれが銀行といいますが、銀行員も人間です。心の底からつき合える銀行員を知っておくべきです。

私は当時の銀行員と今でもつき合っています。

手形は麻薬です。味を覚えると抜けるのは大変です。

不動産業、特に宅建業、不動産仲介業には手形は必要ありません。基本的に不動産取引は現金です。

会社経営はすべて現金で行うべきです。手形用紙を会社に置いておかないことです。

支払いに詰まったら口頭で待ってもらうのです。取引先、周囲に対して、あの会社は、現金主義の会社だと認識してもらうのです。

3　不動産トラブルを恐れるな。誠意をもってあたれ。物件調査は慎重に

設計事務所の社長さんから、土地の地上げを頼まれました。社長は私の高校時代の先輩です。開業医のお客様が、自宅を建てるので希望地を探してくれという注文です。

ここでこの「地上げ」という言葉を説明しておきます。「地上げ」という言葉を聞くと、バブルのときに故意に不動産の値を釣り上げてその不当な差益で儲ける不動産業者の悪いイメージを連想する方も多いかもしれませんが、不動産仲介業は安く土地を仕入れてより高い値段で販売するのが基本なので「地上げ」は何も不当なことではありません。国が道路を拡幅するため、民家の立ち退きを行うのも一種の地上げです。

先輩は私が、経営に失敗し苦しんでいるのを知っています。

希望の土地は、市電に近く、小中学校も歩いて行ける場所です。希望地一帯は富裕層の自宅等が建っている高級住宅街です。

なかなか売り物件の出ない人気のある場所です。

「不動産ブローカー」という人たちがいて、彼らはなぜか地主の情報にくわしいのです。知り合いのブローカーに情報を流しました。しばらくすると、ほぼ希望地に近い物件の情報をもってきました。

ただ、長い間相続のことでもめており、これが解決できれば売っても良いということです。

私がその土地の要約書（謄本）を見ると、所有者の父は亡くなっており、相続されていません。

調べた相続人は男三人、女一人です。

相続人の一人である長男に会いました。50歳過ぎの気の弱そうな人です。市役所に勤めているそうです。相続のまとまらない理由は、土地を売ったときのお金の配分で、妹が厳しいことを言っているそうです。他の兄弟二人は長男である自分に任せるということでした。勤務先でも自分たち兄弟が金銭でもめて、相続争いをしていると笑い者になっている、早く解決したい、とのことでした。

市内の一等地ですから、相当の業者も地上げに入ったと思います。普通、いわくつきの物件は、相手の足元を見て買いたたくものです。

しかし、私は相続のまとまらない事情もわかりましたので、相場よりも高い価格を提示しました。長男を相続人代表として「専任媒介契約」（後述）を結びました。

先輩にそのことを話すと、二つ返事でＯＫです。先輩はすでにその土地をお客様のお医者さんに見せて内諾を取っていました。

私は長男と交渉に入りました。手付金は全額を妹さんに渡し、妹さんの相続関係書類一式を私が預かる、残金は相続完了時点で支払うという内容です。

私は久しぶりにまとまった仲介手数料が入ると安心していました。

明日契約するという前日の午後、先輩から電話が来ました。

「大変なことが起きた。至急来てくれ」

先輩はその土地に建てる建物の設計をするため、市役所の関係部署で打ち合わせをしていました。

その土地の拡大した公図を見ると、公道とその土地の間にもう一本の線が入っています。私は二重の線を一本の線と見まちがっていました。公道に接していない土地は、建物を建てることができません。公道をふさいでいる幅約10センチの土地の所有者は、相続人の父の兄弟名義です。その人も亡くなっています。

このことを長男に話すと、長男は知っていました。謝られてもどうしようもありません。

物件の調査不十分だった私にも責任はあります。一方で長い間空き地だった（相続できなかった）真の理由もわかり、妙に納得しました。

その辺一帯の土地は、長男たち先祖代々からの土地で、あるとき遺産相続で争いが起き、その土地ももめたそうです。亡くなった兄弟が意地悪で、公道に面しないように分割していたのです。

ここであきらめたら「並みの不動産屋」です。あらゆる手をつくして、細長い土地の相続人も探しました。札幌に住んでいました。

会って事情を話しました。その人は細長い土地のことはよく知らないようでした。さっぱりした人で、「亡くなった親同士の争いは関係ない。しかも使えない土地を持っていても意味がない」ということで、それなりの金額で売ってくれました。

四人の相続人にも感謝され、取引は完了しました。当然、細長い土地の代金は残金決済時にペナルティ（大幅に減額されました）です。

同じ不動産はありません。工場で均一的に生産された製品であれば、品質管理などはマニュアル化されています。不動産にも物件調査の手順等にはマニュアルはあります。しかし、同じ商品ではないので、マニュアルどおりにはいきません（物件調査の重要性については後述します）。

不動産トラブルの大半は不十分な物件調査に起因しています。

特に人間関係が絡むトラブル（相続・隣地との争いごと）は誠意をもって、真剣にやる以外解決の方法はありません。

4 経営の失敗は自分の中にある

失敗すると思って起業する人は誰もいません。人は成功を夢見て起業するのです。しかし、起業して成功し、最後まで人生を全うできる人はどれだけいるでしょうか。

特に不動産業界は、特別な技術や何百万円もの資本金はいりません。自宅でもできる仕事です。それだけ参入する人も多いですが、失敗して去る人も多い業界です。

失敗したときの対処の仕方をいくつか挙げておきます。私が実際に見聞きし、または経験したことです。

① 自殺

鬱（うつ）とか病気を苦にして自殺する人は何とも言えませんが、借金を苦にして自殺するのは論外です。借金で命を取られることはありません。しつこい取り立てに神経がまいっているだけです。「自殺」という言葉が頭を横切ったら逃げるのです。家族を捨てても逃げるのです。逃げてしばらくして地元に帰ってきた人を知っています。そのときは自殺する気持ちがなくなっていたそうです。

② 逃げる

先に述べた「逃げる」とはとっさの逃げ方です。本当に逃げるときは、支払いをストップして金を貯め、行く先も決めて家族を連れて逃げるのです。これは成功の確率が高いです。ほとんどは追ってきません。つかまったときには、改めて支払い条件を話し合えば良いのです。

③ 法的手続をとる

日本には会社が倒産することによって、社会が混乱することを防ぐための法律があります。

「会社更生法」と「民事再生法」です。大きな会社、社会的に影響のある会社が利用します。

個人（企業）の場合は、「破産法」による自己破産がお勧め（？）です。弁護士に頼むと、費用はかかりますが、借金の取り立てが止まり、免責決定を受けると借金は棒引き（チャラ）になります。

④ 任意整理

法的手法を取らず、債権者と個別に話し合い、経営を続けていく方法です。弁護士に依頼するのと自分で行う二通りがあります。

自分で行うときには、それなりの覚悟と誠意が必要です。

起業を決意したあなたに、最初から出鼻をくじくような失敗したときの対策を述べるのは気が引けますが、「転ばぬ先の杖」と思って参考にしてください。

なぜなら当時の私はこのような知識を持っていませんでした。

私はこれ以上他人に迷惑はかけられないと思い、高い金利の闇金等からもお金を借りてまでして営業を続けました。本の冒頭にあるように、あることでトラブルを起こし暴力団に山に連れれて行かれて、刃物で脇腹を刺されそうになったことがあったのもちょうどこのころです。

会社の整理（商号もそのまま）も自己破産もしていません。債権者に頭を下げて歩き、逆に仕事の紹介をお願いしました。仕事をしないとお金は返せない、という論法です。

図々しいとは思いますが、人は誠意を尽くせば応えてくれるものです。

そうは言っても、家族、財産、信頼してくれた社員、多少の地位、すべてを失ったわけです。

直接的には人に手形を貸したことが、失敗の原因ですが、冷静に考えてみると、失敗の原因は自分の中にもあったのです。

いい気になっていた。心に隙（すき）があったのです。

共同経営を解消し、改めて開業したときは、絶対に会社を守り、1円のお金も無駄にしない。コピー機のリースを組むにしても、「払っていけるだろうか」と、毎日が緊張でした。

ところが、社員も増え、仕事も順調に伸びていくなかで、いつの間にか仕事や生活に甘くなっていたのです。

「社長はいい人だ」

そう言われ、人に金を貸す。戻ってこない。もともとが貧乏人ですから、つい相手の立場に立って催促もできない。

私は生き方に隙ができていたのです。

他人に甘いということは、自分に甘いということです。浅はかでした。

経営は戦いです。

私は、私たちの住んでいる社会が資本主義社会ということを忘れていました。資本主義社会は、基本的に勝つ者と負ける者、富める者と貧しい者に分かれる社会です。そこには競争の原理が働いています。競争とは言い換えれば戦いです。経営は戦いです。常に戦いの連続です。

戦いに負ける（経営に失敗する）ということは、家族はもとより、取引先、お客様等に迷惑をかけ、社会に対して責任を放棄したということです。

戦国の武将は、戦いに勝つため身内さえも犠牲にしてきました。戦国時代と現代の社会の組織図を見てください（図表2―2）。基本的には何も変わっていません。

起業した以上は「絶対に勝つ」という気持ちが大事です。心に隙を作らないことです。

図表2―2　資本主義社会（今）と封建社会（昔）は似ている

資本主義社会の会社	封建社会の藩
・社長 ・重役 ・社員 ・会社の大きさ（資本金の額） ・給与（お金） ・税金（お金、直接税、間接税） ・競争社会 ・資本主義社会の基本的な階級社会の形は資本家対労働者 	・殿 ・家老 ・家臣 ・藩の大きさ（石高、コメの収穫高） ・俸禄米（米） ・年貢（米、労役） ・差別社会 ・封建社会の基本的な階級社会の形は封建地主対農民 

どちらの社会においても「土地」が社会（経済）の仕組みの根底に支えていることです。
封建社会は「土地」から米を収穫し、それを貨幣と交換して経済を支えており、資本主義社会は（特に日本）は「土地」を担保として経済のやり取りをしています。

※不動産業はその「土地」を生業（なりわい）としている仕事です。

第3章
不動産開業の第一歩、慎重にして大胆に

この章のねらい

さあ、いよいよ開店営業です。

第1章の「起業の心構え、決心」と、第2章の「失敗しないための準備」を経て開業です。

ここでは、実際に会社を立ち上げ、営業開始までの手続、考え方を述べます。

社名の考え方から、個人営業か法人営業か、開業資金、事務所の開設、開業（営業）届け、社員の採用、教育に関する考え方、外部へのアピール、売上げ目標の立て方、経営理念の考え方など。

これから世間に出て行って戦っていくための土台づくりです。

私の提案を参考にしながら「自分ならこうする」と慎重に考えて、そして実行するときは、スピーディに大胆に行動してください。

1　社名のつけ方

開業するにあたって、最初にぶつかるのが「社名」です。「商号」ともいいます。

名は体《たい》を表すといいますが、社名にはその時代の風潮が表れます。子どものいる人は、自分の子どもに名前を付けたときのことを思い出してください。

その子の将来を想い、幸せになることを願って命名したはずです。

さて、あなたが起業を決心したときの気持ちを今一度思い出してください。

なぜ、起業しようと思ったのか。起業する目的はなんだったのか。

企業を決心したということは、ある意味、人生をもう一度やり直すということです。

自分の子どもに名前を付ける気持ちで真剣に考えてください。

「社名」には、自分のやりたいこと、理念（目標）等が表現されていれば申し分ありませんが、「社名」は3文字か4文字、長くとも5文字以内におさめたほうが良いです。

つまり、わかりやすい、覚えやすいということが第一です。

次に何をしている会社なのか、これも大事です。

私の会社の社名は「小板総業」です。当時〇〇総業というのが流行っていました。これでは何をやっている会社かわかりません。「ヤクザ」の会社かと間違われることもあります。これではダメだと思い、あるときから「土地探しから家づくりまで」というキャッチコピーを社名の前につけました。

このように「社名」だけでなく、何をしている会社かを表したキャッチコピーを「社名」の前後につけるのも一つの考え方です。

今はインターネットの時代です。会社案内はカタログなどの冊子ではなく、ホームページが主流になってきています。就職先を探す学生も、スマホ等でその会社のホームページを見ます。ホームページの見栄えでその会社のイメージが決まる時代です。

不動産の物件を探すときも、物件のみではなく、その物件を扱っている会社はどういう会社なのか、本当に信用できるのかどうか、ホームページで検索します。

インターネットを活用し、ホームページやブログ等を作成するにあたり、ドメインをとっておく必要があります。ドメインとはインターネット上の住所で、世界に一つしかありません。ですから、ドメインの所有権は早いもの勝ちです。

「社名」を英数字で表したときに、わかりやすいのか、検索してもらいやすいのかを考えて「社名」を考える必要があります（ドメインの取得等については、ネット等で調べてください）。

2 個人経営か、法人経営か

① 会社の形態・組織のあり方を考える

社名が決まったところで、次に考えるのが、会社の形態、組織のあり方です。仕事をしていくうえで、個人名（個人事業者）で行うか、「○○株式会社」というように法人名で行うか、どちらかです。

初めは、個人名で会社を興し、規模の大きさに合わせて、法人に切り替える方法もあります。

しかし、私は最初から会社を設立し、法人名で仕事を始めることをお勧めします。

その第一の理由は、不動産業という業種にあります。物件の賃貸だけでなく、大金を扱う売買ともなれば、個人名より法人名のほうが相手に与えるインパクトが違います。

第二の理由は金融機関との取引です。個人名で通帳を作ると、個人と仕事のお金の区別をつけるのは大変になってしまいます。

個人と法人の財産の区別を明確にすべきです。このことは、将来損害賠償や借金のトラブルが発生したとき、個人事業であれば、個人の財産までその責任が発生しますが、法人だと責任の範囲が限定されます。

また、法人にすると、個人の所得税、法人税の二つを納めることになりますが、法人に認められている必要経費を多いに活用することで、節税対策も有利になります。この辺は専門の税理士さんに聞いてください。

② 資本金、事業目的

2006年の会社法の改正により、法人設立のハードルが低くなりました。

資本金は1円から（1円で会社を作る人はいないと思いますが）できますし、役員は一人でも可能です。

事業目的の中に必ず「宅地建物取引業」または「不動産の売買、賃貸、管理およびその仲介」の文言は入れておいてください。

忘れてならないのは、法人も法的な「人」ですから、社会に対しての責任は発生します。法令順守や税金を納めるのは当たり前ですが、会社の名前を使って、お客様や取引先に対して迷惑になるような行為をしてはなりません。

また、これからは、社会の一員として、会社自体が何らかの社会貢献活動（ボランティア等）をしていくことも必要です。

3　宅建業に事務所は必須条件

事務所については、私は自宅でも借り店舗でもどちらでも良いと思っています。以前は、賃貸などをメインにしている店舗は、駅前や人通りの多い場所という考えがありました。今はあまり関係ないようです。

今のお客様の大半は、店舗に足を運ぶ前にネットで物件を検索し、場合によっては自分で物件を見に行ってから、不動産会社に行きます。

店舗に来てから物件を検索する時代は終わりつつあります。店舗の玄関ドア、窓ガラスに、物件名を紙に書いてべたべた貼るのは、そのうち懐かしい時代の風物詩として語られることになるでしょう。

自宅を事務所（店舗）にする場合、いくつかの注意があります（図表3－1）。

第一は、居住部分と事務所ははっきりと分けることです。居住部分と事務所の玄関（入口）は別々になっていれば良いですが、どうしてもできない場合は、居住用の部屋を通らないで事務所を使用できるようにするなど、工夫が必要です。

事務所ですから、事務机、パソコン、プリンター、固定電話などは普通にそろえれば良いのですが、「宅地建物取引業者票」と報酬額を明示した文書の掲示は義務化されていますので、お客様のよく見える場所に備え付けなければなりません。事務所（店舗）として大事なことは、大金を扱うわけですから、個人のプライバシーを考慮した、快適で安心して契約できる場所でなければならないということです。

図表3―1　自宅を事務所にする場合の注意点

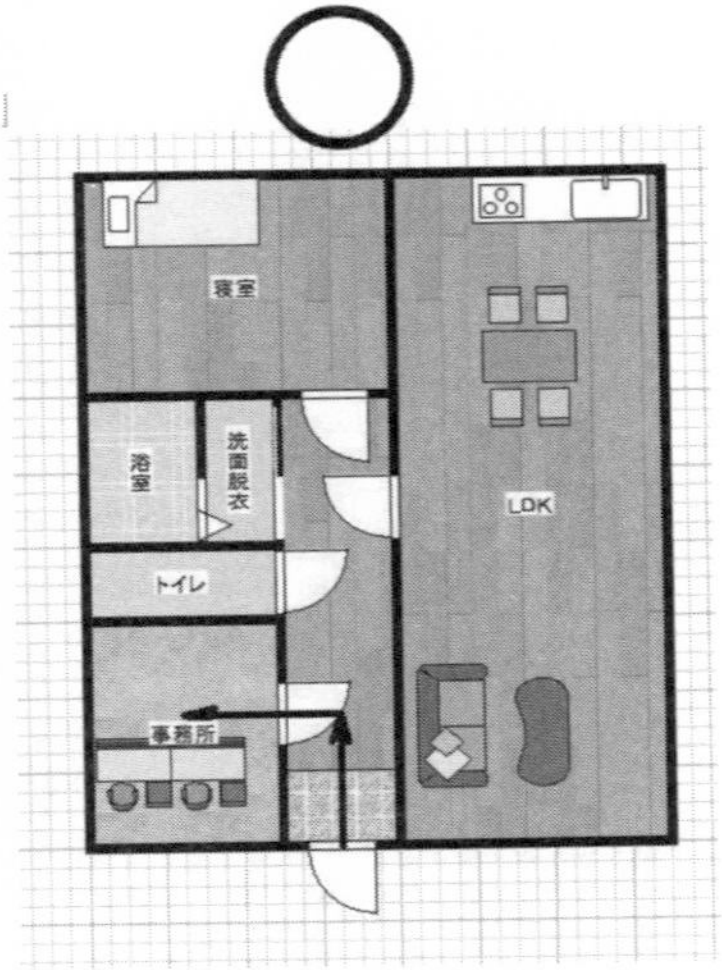

玄関を入ってすぐ左側が事務所
事務所として認められる

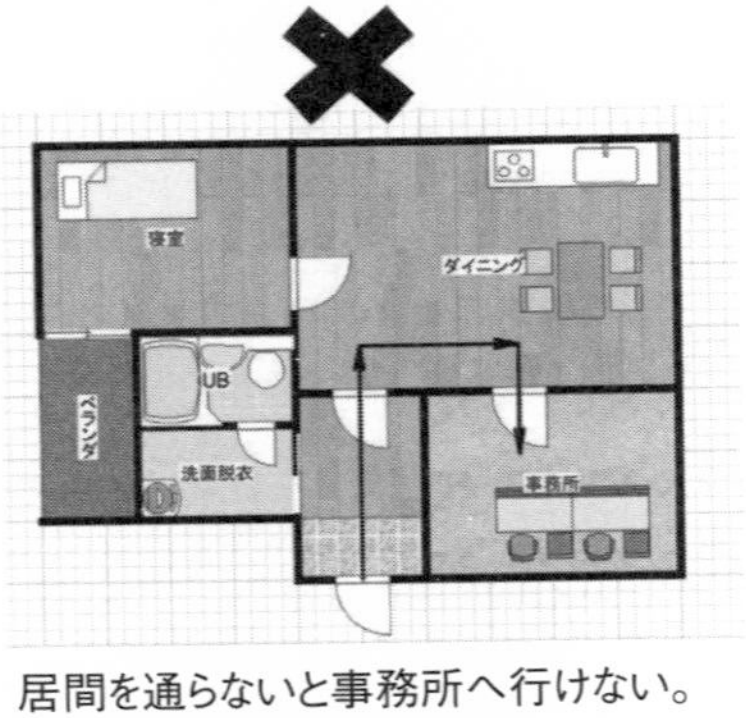

居間を通らないと事務所へ行けない。
事務所として認められない

4 開業資金について

① 開業するにはいくら必要か

宅建業の開業資金は、店舗を構え、商品を仕入れて物販などを行う業種からみれば、比較的小資本で開業できます。

開業資金で大きいのは、事務所（店舗）です。自宅にするか、賃貸するかによって用意する資金は相当違ってきます。事務所内の備品などの用意の仕方についても、その人によって差が出てきます。

ここでは、事務所取得経費を除いた主要経費を列挙してみます。

宅地建物取引業の免許を取得しただけでは、営業はできません。まず弁済業務分担金（以下、保証金）が必要です。法務局に１０００万円を供託すれば、即営業できますが、１０００万円は大金です。

たいがいの人は、保証協会に入ります。

保証協会は、全国宅地建物取引業連合会（以下、全宅連）と全日本不動産協会（以下、全日）の二つがあります。

保証金は、どちらの団体に加盟しても、全国統一で同じです。

参考までに、北海道宅地建物取引業協会に加盟した場合の経費を挙げておきます（図表3－2）。

各支部によっては、年会費や分担金などの違いがありますので、細部については加盟する団体、支部に問い合わせてください。

この他に事務所の体裁を整えるために、事務机、応接セット、電話、コピー機、社名の入った外看板等が必要になります。事務所の内部写真は、免許申請時に添付して提出しなければなりません。

事務所内の備品については、新品をそろえる必要はなく、リサイクルショップにある中古で間に合わせれば良いと思います（これらは経験上、25万円～50万円くらい）。

図表3―2　宅建協会に入会した場合の経費（例）

項目	金額	備考
宅建協会入会金	400,000円	
宅建協会年会費	53,600円	4～6月入会の場合 （入会時期によって異なる）
不動産キャリアパーソン受講料	8,800円	1名のみ無料
保証協会入会金	200,000円	
保証協会年会費	6000円	4月入会の場合 （入会時期によって異なる）
弁済業務分担金	600,000円	
北海道宅建政治連盟入会金	56,000円	
合計	1,324,400円	

※以後毎年年会費　合計　65,600円
（宅建協会　53,600円　保証協会　6,000円　政治連盟　6,000円）

ここまでにかかる経費は、ざっくりと200万円ぐらいです。

忘れてならないのは、開業してすぐに売上げが上がるとは限らないということです。そのため当面の生活費は別に考えておかなければなりません。

各家庭の事情があるでしょうから、きちんと家族と話し合っておく必要があります。

② 銀行取引、口座の開設について

会社を起業したら、法人名義の銀行口座が必要になってきます。

個人で公共料金等を引き落としている金融機関があれば、その金融機関も法人口座を開設する対象に考えてください（個人口座があることによって、ゼロからの出発ではないので、口座作成が容易）。

法人口座は、地方銀行（地銀）と地元の信金、信組の二つに口座を持つことをお勧めします。これらの金融機関は地元の中小企業への融資を行っています。地元の地主、経営者のほとんどが地銀や信金、信組と取引があります。これらの金融機関には、取引業者を中心とした親睦会、研修会、情報交換会などがあります。口座を開いてすぐにはそれらの会への入会は難しいとは思いますが、他の会社の経営者は大事な情報源、いずれはお客様になるかもしれないので、そのことを頭に入れて銀行取引をしたら良いと思います。

ただ窓口に行って口座を作るのではなく、その金融機関と取引している会社経営者や有力な人の紹介で、支店長または支店長クラスの行員と面談します。そのほうが今後の取引のために何かと便利です。

最初からそのような人たちを知らない場合は、まずは外勤（外回り）の行員に頼んで口座を作るのです。外回りの行員は、主に会社や資産家を回っていますが、一人でも多くの新規のお客様（口座）を欲しがっています。

できれば定期積立預金（毎月一定額預金する）を行いましょう。

行員が外回りしている顧客には、工場や店舗の新設（融資がからむ）等の不動産情報にくわえ、相続での不動産の処理などの情報も持っています。外回りの行員とは普段から仲良くしたことに越したことはありません。

③ 時期をみて、借入れを申し込む

会社の事業を大きくしていくなどのときに、金融機関からお金を借りなければなりません。

金融機関は、原則的に実績のない会社に融資はしません。最低でも2期分の決算書が必要です。ただ少額の借入れを申し込んでみるのも銀行との付き合い方の勉強になります。なぜなら借入れには、創業計画書（事業計画）や返済計画が必要です。将来、会社規模を大きくしたり、物件の買取りで借入れを申し込む場合の経験になります。

少額の借入れであっても、返済実績を積み重ねることは、今後の銀行とのお付き合いにとって大事なことです。

私は創業したとき（1975（昭和50）年）、ある有力な人の紹介で、地元の信金の支店長を紹介してもらい、その信金から300万円を借りました。

自宅は借家であまりにも古く（便所はボットン）、賃貸で事務所を借りようとしましたが、家賃を払うのはもったいないと思っていました。

いつも車で走っている道路沿いに、雑草の生い茂った細長い土地がありました。調べるとその土地は都市計画道路に入っています。所有者は地元でも名の知れた方で、私は将来の不動産業の夢を語りました（図々しく）。

権利金なしで地代金は100坪で1万円。ただし、道路計画が実行になったら無条件で土地は返すということで、快く土地を借りることができました。

借りた300万円でその土地に社屋を建て、5年で完済しました。

それから5年後、道路計画が実行になり、土地は約束どおり無条件で返し、建物等の保証でそれなりのお金が入りました。そのお金で新しく事務所を新築しました。

ついていた時代です。

5　宣伝、広告について

①　ポータルサイトを利用する

開業したばかりの会社は、世間に知られていません。そこで早く社名を知ってもらう必要があります。

それには不動産ポータルサイトを利用する方法が手っ取り早いです。

不動産ポータルサイトとは、不動産物件に特化したＷＥＢ（インターネット）のことで複数の業者が売買、賃貸などの物件を公開しています。お客様はご自宅に居ながらにして希望する物件を検索できます。宅建業者はポータルサイトを運営している会社に利用料を払い、物件を紹介するわけです。

大手のポータルサイト（ＳＵＵＭＯ、ライフルホームズ、アットホーム）は、テレビなどのマスコミで宣伝しているので、集客力はあります。使用するには当然料金がかかります。固定料金＋物件数により加算されるなど、料金は運営会社によってさまざまです。

また、投資物件、賃貸物件、売買物件など、それぞれに特化した会社もあります。

ポータルサイトを利用するには、次の2点を考えます。

第一に　だいたいの予算を決める
第二に　目的はどの分野を目指すのか（賃貸、売買、投資物件等）

このようなことを考えながら、自分がお客様になったつもりでその会社のポータルサイトをネットサーフィンしてみれば良いと思います。

最初は、どのサイトが良いかわからないのが普通です。合わないと思ったらどんどん変えたほうが良いです。

ポータルサイトの欠点は、物件が決められたテンプレートの表示になるので、他社との物件の差別化ができないことです。

差別化を考えるのであれば、自社のホームページを作成し、そこに誘導することを考えなければなりません。

②　レインズ（REINS）に必ず物件登録をする

宅建業者のみが利用できる物件の登録サイト「レインズ」があります。国土交通省の指定を受けた不動産流通機構が運営しているネットワークで、全国が次の四つの区域に分けられています。

東日本不動産流通機構
中部圏不動産流通機構
近畿圏不動産流通機構
西日本不動産流通機構

対象エリアは自社の営業している場所になります。

物件所有者が一業者に物件の売却を依頼することにより、多数の不動産会社が情報を共有します。物件を探している業者もレインズを利用しますので、売りと買いが意外とスピーディに成約になります。手数料も売りと買いに分かれます。「センター分かれ」といいます。

私は以前、不動産のフランチャイズ（住通）に加盟していたとき、アメリカに不動産の研修に行きました。

そのとき、アメリカに媒介契約やレインズがありました。最初はアメリカが日本の真似をしていると思いました。実は逆です。日本がアメリカの不動産流通の仕組みを真似しているのです。

アメリカのレインズに登録されている物件（中古住宅）は、地域をしぼりその住宅の修繕記録など細かい情報も掲載されています。

物件の内容がきめ細かいので、信頼性が高くなり、エリアがしぼりこまれているので、購入希望者にとっては日本のレインズより使い勝手が良いです。

まだ日本のレインズも、改善の余地があると思います。

参考になる不動産ポータルサイトが私の地元にあります。

「函館＊不動産連合隊」という不動産ポータルサイトで、函館にあるインターネットによる不動産情報会社が運営しています。函館のほとんどの宅建業者が物件を登録しています。誰でも見ることができるので、物件を探している人はよく閲覧します。

成約率も高いです。そこに住んでいる人は、住んでいる場所に一番興味があります。不動産情報を、きめ細かくエリアを絞り込んで成功しているのが不動産連合隊です。

＊「不動産☆連合隊」…全国45地域、950社超が参加しているポータルサイトで、北海道函館市に本社を置く株式会社ラルズネット（鈴木太郎代表取締役社長）が運営している。アクセスはQRコードで。

③ 各経済団体に入会

各地域には商工会議所、商工会などの経済団体があります。また、ライオンズクラブやロータリークラブという社会奉仕団体もあります。これらの団体には、その地元の有力者、経済人や地元に影響力がある人が入会しています。新しい人脈を作るという意味ではそれなりの効果はあると思います。入会するとそれなりの会費や活動が要求されます。余裕があれば入会するのも良いと思いますが、見栄や目先の利益だけを追うのであれば、入会しないほうが良いと思います。

④ これからは町内会

地元にある町内会に入ることをお勧めします。町内会は、高齢化が進み、加入者が減少していると聞いています。また、特に若い世帯の入会率が低いです。町内会活動は、その街に住む人の親睦を深めます。会員相互の連絡、市町村からの連絡、通知、盆踊りなどの各種行事、ゴミ拾い、外灯の管理等、生活に密着した活動をしています。

基本的には、世帯ごとの加入なので、その地域の住民の情報が得られます。

今は「個人情報保護」という観念から、隣人とのつながりが薄れ、孤独死があっても何日も放置されている時代です。

私は、今こそ町内会活動を活発にすべきだと思っています。

隣人とのつながりを強くしていくことは、街の活性化につながります。

不動産という動かないものを扱う宅建業は、地域密着という観点からも、積極的に町内会活動をしていくべきだと思います。

6 売上げ目標の立て方、媒介手数料について

サラリーマン時代は、与えられた仕事をこなしていれば、一定の収入がありました。生活はその範囲で考えれば良かったのですが、起業した今はそうはいきません。

しっかりした経営計画、ここでは月々の売上げ計画の立て方について考えてみましょう。

売上げの数字を考える前に、1カ月でいくら必要なのか。会社を維持し、生活していくのにいくらあれば良いのか。必要な金額を先に考え計画を立てなければなりません。それぞれについて説明していきます。

① 生活費（給与）

サラリーマン時代の生活費をベースに考えます。サラリーマン時代に毎月の生

活費が不足したのであれば、不足分を足した生活費を計上すべきです。そうすることによって仕事に対するモチベーションが上がります。ただ、開業当初は思った以上にお金がかかります。無駄遣いはしないという心情が大事です。問題は会社経営にかかる経費です。

②　会社の経費

会社の経費を考える場合、定期的にかかる経費（固定経費）と不定期（変動経費）にかかるものの二つに分けて考えます（図表３－３）。

③　売上げ、収入の源の仲介手数料について

毎月かかる経費を売上げで賄っていかなければなりません。

売上げはお客様から依頼を受けて、売買や賃貸の仲介を行う手数料です。その仲介手数料は個人が勝手に決めることができません。

宅建業者の報酬は、国土交通省告示（「宅地建物取引業者が宅地又は建物の売

図表3—3
固定経費

家　賃	自宅を事務所にしていても一定の家賃を計上
人件費	賃金（賃金プラス会社負担の社会保険等）と福利厚生費に分けて計上
借入金、リース代	備品などリースで購入したもの等の返済金
水道光熱費	毎月かかるので一定額を固定費として計上
各種会費等	
その他毎月、決まって出される経費	

変動経費

広告宣伝費
通信費
車両経費
事務用品費
交際費
その他不定期に支出される経費

買等に関して受けとることができる報酬の金額」）（宅建業法46条4項）によって媒介報酬として決められています。

その告示は文書になっていてわかりにくいので、次のページの図表3－4にまとめました。

2017（平成29）年の法改正で400万円以下の家屋や土地の約定報酬額が最大18万円まで計上できるようになりました。これは、400万円以下の取引だと出張費や調査費が赤字になりやすいためと、空き家などの流通活性化を目的としています。売主のみの請求です。買主は従来どおりです。

宅建業は、売主、買主両方から手数料をもらえます。

同じ会社で売主、買主の両方を媒介した場合「両手仲介」といいます。売主、買主に別々の会社が仲介した場合、「センター分かれ」といい、その手数料は「片手手数料」といい、それぞれの会社が仲介料をもらいます。

売主、買主とも自社で仲介すると収入も良いですが、最近は売主、買主にそれぞれ業者がつくことが多いです。

図表3―4　報酬計算の速算法（売買、交換の媒介）

売上代金	媒介報酬（仲介手数料）
200万円以下の物件	（売買価格×5%）＋消費税
200万円超400万円以下の物件	（売買価格×4%＋2万円）＋消費税
400万円超の物件	（売買価格×3%＋6万円）＋消費税

＊売買、交換の代理の場合は上記金額の2倍以内であり、依頼者および相手方から報酬のあん分は自由に設定できる。
＊賃借の媒介、代理の場合の報酬額
　依頼者の貸し手、借り手から1カ月の家賃の2分の1以内。
　現実には借り手から家賃の1カ月分が報酬額となっている。

仲介手数料の計算（例）
1,000万円の物件（土地または中古住宅）の場合
400万円を超える物件なので（売買価格×3％＋6万円）×1.1（消費税）
（10,000,000円×0.03＋60,000円）×1.1=396,000円（片手手数料）
売りと買いの両方の媒介をした場合
396,000円の2倍　792,000円（両手手数料）が手数料収入になる。

先の1カ月にかかる経費を補うために必要な売上げ（仲介手数料入金）は「両手手数料」で計算しないで、「片手手数料」もあるので、仲介手数料の4・5％で計上しておきます。

つまり、1カ月に扱う物件の成約見込み金額の4・5％を収入の目標とするのです。

まとめると、自分の生活費、会社経営にかかる経費、これらの合計が1カ月にかかる費用です。

毎月この合計金額以上を稼がないと、会社は倒産します。

収入を得るのは仲介手数料です（図表3－5）。

図表3—5　収支計算表

<table>
<tr><td colspan="2">収入</td><td colspan="4">支出</td></tr>
<tr><td>仲介手数料</td><td>円</td><td colspan="2">家計費
(生活費)</td><td colspan="2">A　円</td></tr>
<tr><td rowspan="2">管理料
(アパート等)</td><td rowspan="2">円</td><td colspan="2">会社経費</td><td colspan="2">B　円</td></tr>
<tr><td colspan="2">固定費</td><td colspan="2">変動費</td></tr>
<tr><td>雑収入</td><td>円</td><td>主な項目</td><td></td><td>主な項目</td><td></td></tr>
<tr><td rowspan="2">その他の収入</td><td rowspan="2">円</td><td></td><td></td><td></td><td></td></tr>
<tr><td>合計</td><td>円</td><td>合計</td><td>円</td></tr>
<tr><td>合計</td><td>円</td><td colspan="2">合計</td><td colspan="2">A+B　円</td></tr>
</table>

◎全体のお金の動きを把握する表です。今は便利な会計ソフトがありますが、基本的には手書きで（パソコンを使っても）作ります。

7　社員の採用について

①　採用

起業したときから、社員を採用する場合もあるし、途中から、つまり業務の拡大に合わせて人を増していく方法もあります。

人を募集するにはいくつかの方法があります。ハローワークに依頼したり、求人情報に掲載したりなど、公に人材を求める方法と、知人、友人個々に紹介を頼む方法です。

私は採用するときには、知人、友人に紹介を頼みます。なぜなら友人は私の性格を知っており、性格が合わないだろうと思う人は紹介しないからです。

大勢の社員を抱えて経営するのであれば別ですが、独立したばかりの会社ですから、**自分と相性が良い人と一緒に仕事をすべきです。**

人の紹介で採用するときは、初めに自分の方針を伝えておき、もし採用しても方針に合わないときは、辞めてもらうこともあると、はっきり言っておきます。当然、紹介者には、紹介の責任はありません、ということも付け加えておきます。今は組織固めです。まず第一は自分一人で仕事をしていき、どうしても業務が間に合わないとなったときに採用を考えたほうが良いと思います。

人を採用することは、それだけ固定費が増えます。慎重に考えるのはもちろんですが、売上げ目標、または月の物件数がここまで行ったら人を採用するというように、売上げ等と連動して採用計画を立てておいたほうが経営しやすいでしょう。

② 女性は不動産業に向いている

以前、アパートの案内で他社の物件をそこの社長さんと一緒に案内することになりました。その社長さんは大柄でパンチパーマでした。お客様は若い女性でしたが、物件を案内する前に断られました。今から考えれば、当たり前ですよね。

不動産を「住まい」に絞った場合女性（主婦）の意見考え方は無視できません。

物件の説明にしても女性のほうがきめこまく親切です。やわらかいです。

私は長い間、不動産業は男性の職場と思っていましたが、今は反省しています。

これからの不動産業は、女性を積極的に採用すべきです。女性のセンスは不動産業に向いていています。

女性社員の場合、特に子どものいる主婦の場合、勤務時間についてはその人の良識に任せたほうが効率は良いです。

③ 社員の教育、育て方について

大企業のように立派な社員教育のシステムは必要ありません。

宅建業は情報産業ですから、宅建情報にしぼった社員教育をします。

宅建業の情報とは、「売りたい人」「買いたい人」「貸したい人」「借りたい人」の情報の量と質です。

情報の量とは「売りたい人」「買いたい人」「貸したい人」「借りたい人」の数です。

情報の質とは、その数のお客様から要望をきちんと受け止め、それを社内全体の共有の財産に育て上げることです。

数（量）が多くなると自然に質（濃い中身）が良くなるという法則があります。

④ 社員の売上げ目標の考え方

私が宅建業界に入ったときは、土地は儲かるという時代ですから、お客様（投資家）への夜打ち、朝がけがまかりとおっていました。土地そのものでなく、儲けが欲しい客をねらって訪問したものです。ノルマはイコール売上げ数字です。どれだけ売上げたかの世界ですから、お客を取ったり取られたり、仲間意識なんてありません。結局社員も長続きせず、お客様との信頼関係もできませんでした。

このように「売上げの目標」は、ノルマとしての数字だけを強要するのではなく、情報の量と質を求めたほうが結果として売上げが伸びることもわかりました。

売上げの数字だけを求めると、私が過去に経験したように、社員同士も協力できず、また、どうしても目先の数字に目がいき、お客様に対しても無理をします。

図表3—6　情報カード

<table>
<tr><td colspan="2">記入者</td><td colspan="9">年　月　日</td></tr>
<tr><td colspan="2"></td><td colspan="9">来社　訪問　既存　紹介　業者　電話
看板　新聞　チラシ　ラルズ　ウェブ　他</td></tr>
<tr><td colspan="2">依頼内容</td><td colspan="9">売買　賃貸　工事　損保　その他</td></tr>
<tr><td colspan="11">依頼主名
住所
電話
携帯</td></tr>
<tr><td colspan="11">(希望内容)
売・買　中古住宅・マンション・土地・収益物件
予算
地区
(備　考)</td></tr>
<tr><td colspan="11">賃・　貸　1R・1DK・2DK・3DK・貸家・店舗
予算
地区
(備　考)</td></tr>
<tr><td>ランク</td><td>A</td><td></td><td>B</td><td></td><td>C</td><td></td><td>担当</td><td></td><td>確認</td><td>済</td></tr>
</table>

なかには、自分の大事なお客の情報は他人には教えないという社員もいます。一人の情報の量は知れています。当社では、情報を共有するシステムとして、「情報カード」（図表3－6）を利用しています。

この情報カードに必要なことを書いてもらい、毎朝朝礼で読み上げさせます。宅建業は「売りたい（高く）」「買いたい（安く）」というお互いの利益が相反する他の業種と違った特性を持っています。社員同士で利益相反の仕事をするわけです。A社員は売り客につく、B社員は買い客につく、このようにして、両方のお客様の要望をじっくり聞き、商談をまとめていきます。

1カ月の成績の発表も、売上げだけではなく、情報カードを何枚書いたかによって成績を評価します。情報カードを多く書いた社員ほど成功率が高いです。宅建業は息の長い仕事です。日常品の売買のように頻繁に売り買いはありませんが、「住まい」は人生にとって大事な取引ですから、末永い付き合いが大事です。一過性の仕事はやめるべきです。

8　経営理念は自分の夢で良い

起業を決意したときは「よし、やるぞ」という気持ちと、「大丈夫かな」という気持ちが入り乱れて、心の中は期待と不安でいっぱいになっていると思います。不安をなくすには「成功したイメージ」を描くと良いと述べました。しかし、イメージを頭で描くだけではだめです。文字にしなければなりません。文字にすると声に出して読めます。

当時の私の経営理念を紹介します。

社員が十数名に増え、朝の朝礼で何か格好をつけなければと思っていました。他社（大手）の経営理念や社訓等を本で読み、自分なりに作文し、紙に書いて額に入れ、神棚の横に飾りました。

当社の経営理念

豊かな住環境、快適なすまいづくりを通して、地域社会に貢献し、もって社業の発展、個々の生活の安定向上に努める

これを額に入れて、朝礼の時全員で唱和したものです。毎日同じ言葉を唱えることによって、社員の気持ちを一つにまとめるのがねらいです。

ある日のことです。私は社員と一緒に大声で経営理念を唱和していました。そのとき、一瞬なぜか、違和感を感じました。

「自分で作った経営理念なのに、本当に自分はこのように思っているのだろうか？　社会に貢献するといっても、具体的に何を貢献しているのか。社員もこの経営理念を本当に信じているのか？」

暗い気持ちになりました。

当時の私は経営理念を難しく考え、格好をつけていたのです。

今、この経営理念はどこかに行ってしまいました。今思うと背伸びした恥ずかしい苦い体験です。

失敗した経営理念です。

経営理念は大事です。自分が経営をしていくなかで、壁にぶつかり悩んだときに、「なんのために独立をしたのだ」と原点に戻る場所です。

だからと言って、難しく考える必要はありません。起業を決意した動機を「経営理念」にすれば良いのです。経営理念イコール夢です。

経営理念を考えるとき、大事なことは「なぜ起業したのか」、このことだけを真剣に考えれば良いのです。

お金が欲しい。家族を幸せにしたい。自分の力を試したい。宅建業で地域一番になる。自分をクビにしたあの社長を見返してやりたい。また、起業そのものに人生の目標を求める。

どんなくだらないことでも紙に書いてみます。そのとき、頭に（心に）スーッと入ってきて残った言葉が経営理念です。家族がいれば、家族の夢を聞いて紙に書きます。家族の夢が経営理念になれば、一層協力してくれるでしょう。

人が増えてきたらその人の夢を聞いて紙に書きます。面接のときにこの作業をしたほうが良いです。書くのは本人に書いてもらいます。声に出して読みます。できれば一緒に。違和感がなければ経営理念に取り入れれば良いのです。

そうすることによって経営理念は創られていきます。

夢の集合体がそのまま経営理念です。

迷ったとき、不安になったとき、この経営理念を思い出して声に出して読むのです。

有言実行の精神《こころ》です。

第4章

不動産業は情報産業

成功と失敗の分かれ道は、情報の量と質によって決まる

©Adobe Stock

この章のねらい

ここでは開業してからの、宅建業を成功させるための基本的な考え方、具体的な仕組みづくりを考えたいと思います。

マーケティングの理論とか、ビジネス成功のノウハウではありません。私が実際に経験し、実行したことについての提案です。

今一度、不動産（宅建業）と一般の製造業の違いについて見てみましょう。

製造業は、世の中のためになる商品を研究開発し、それを商品として製品化します。

その商品を工場等で造り、市場に売り出します。市場のニーズに合えば、商品は売れ、企業は成り立ちます。

宅建業は、製造業と違って商品を作りません。今、目の前にある土地、建物が商品です。

商品である不動産は動かすことができません。動かすことができないので、そこにあることを伝えます。つまり、伝えるということは「情報」です。そういう意味では「情報」が商品です。

不動産が情報産業といわれる所以（ゆえん）です。

成功と失敗の分かれ道は、情報の量と質によって決まります。質の高い良い情報（売れ筋）をいかに多く集めることができるか、そのためには地域密着の行動はかかせません。

地域密着で得た情報をきちんと調査（物件調査）し、媒介制度を利用して、お客様にいかに提供していくか、これらのことを紹介していきます。

1　2K（ニーケー）作戦。地域密着の手法の紹介

インターネットが普及する以前は、新聞、チラシの配布、不動産情報誌等で物件情報を紹介し、集客していました。

ネット時代の今は、九州の人でも北海道の物件を買うというように、情報が全国に拡散しています。

お客様が物件を検索するときは、漠然と地域を指定することはありません。北海道であれば、函館市の○○町、または学校、病院の近いところ。首都圏であれば、○○沿線の駅とかいうように、具体的に検索していきます。

開業しての第一歩は、自分の住んでいる街はどのような街なのか知ることです。不動産業者の観点、立場から、自分（自社）の住んでいる街、地域の不動産情報に、いかにくわしくなるかということです。

次に、むやみに走り回るのではなく、自分の行動範囲を決めましょう。

自社を中心として、半径2キロを行動範囲と決めます。

私はこれを「2K（ニーケー）作戦」と呼んでいます。

その作戦の行程を説明します。

1. ゼンリンの地図かグーグルマップなどを使って自社を中心に半径2K（キロ）の円を描きます（コンパスを使うなり、中心の自社に鉛筆を立てて、縮尺を計算して、もう一本の鉛筆に糸を結び円を描く）。

2. できあがった図面をコピーし、貼り合わせて一枚の地図にします。その図面を全体が見えるように、壁に貼るか床に置いて、自社のエリアを可視化します。

住宅地図ですから、個人の住宅、会社、空き地も一目瞭然です。住宅密集地ですと、コンビニ、病院、学校、公園等いろいろな施設もあって、人が生活していくのに十分な街の機能がそろっているのがわかります。

とりあえず、同業他社とは色分けしておきましょう。

3．2K圏内に入っている町名を別の紙に写します。町名ごとに、人口、世帯数、男女比、貸家等のデータを調べます。これらの資料は、役所の関係部署に行けば手に入ります。資料の整理については、市場調査（マーケティング）のプロではありませんから、あなたの住んでいる街の状況がわかる程度で良いと思います。

これで事前に用意しておく基本的な資料はオーケーです。
次にそれらの資料の使い方を説明します。

1．社員がいれば、この地図を元に担当エリアを決めます。町名・道路等区切りの良いところで小さく分割するのです。このとき、先に調べてある街の内容の資料も一緒に添付します。

区切り方によっては街がだぶることもありますが、臨機応変に対応してください。

2．地図を元にエリアをパトロールします。パトロールとは車を使わないで歩くことです。歩くことによって車の中からでは気づかない別の街の景色を見ることができます。

手元の地図に次のような作業をします。

◎宅地（草を刈っている。きれいだ）
◎明らかに人の住んでいない住宅（古い）
◎アパート・マンション（木造・鉄骨・世帯数）
◎大きな会社・病院等（何人ぐらいいるのか）

（忘れないためにコメントをつける）

これらを色分けして地図に落とします。

また、エリア内に同業他社の売地・売家等の看板が立っていたら、これも地図に落としておきます。

3．気になる空地・売家は要約書を取っておきます。売買するときの資料になります。

アパート、マンション等は単身向き・世帯向き等を調べておくと、将来の持家のお客様になります。

地味な作業ですが、長い目で見るとこれらの行動の積み重ねが、将来伸びる会社とそうでない会社の分かれ道になります。地域密着の基礎になる資料です。大切に保管しておきます。

これらの資料は、他にもいろいろな使い道があります。

その一例を紹介します。

宅地対策（空き地管理）

空き地の所有者に連絡を取って、管理をさせてもらうお願いをするのです。管理といっても「売ってくれ」とか、営業のにおいのする言い方、文言は絶対にダメです。

「ゴミを捨てないでください」「違法な駐車禁止」とか所有者の気になることを書いた看板を立てさせてもらうのです。もちろん無料です。そのかわり、連絡先として、自社の名前と看板を入れさせてもらえれば、目的達成です。

また、サービスとして、その土地付近の相場（取引事例、公示価格、路線価等）を無料で報告するのです。遠方の所有者であれば、その土地のイベントやちょっとした出来事なども添えて定期的に報告するのです。

人は自分の持ち物に興味があります。

どうです！

２Ｋ圏内の空き地にこのような看板が何枚も立っていたらすごい宣伝効果です。続けることによって「売ってください」というお客様が現れるかもしれません。

売上げでなく、情報量の地域一番店になるのです。

2　業者の熱意が表れる物件調査

物件の「元付け」になること。

足で歩いて物件を集めていくと、物件に愛着がわいてきます。

現在、業界では「売り」と「買い」に分かれる物件が多くなりました（「センター分かれ」といいます）。

「他社物」といって、他業者の物件を成約に持ち込み、手数料を得る方法があります。

このような営業を「客付け」（リーシング）といいます。物件を持たないわけですから、手数料は最大に入っても片手だけです。

一方、物件を持っている「元付け」は、売りと買いで仕事ができ、両手の手数料が入ります。

買いのお客様を探せなくても、確実に売りから手数料が入ります。

このように不動産仲介においては、いかに元付けの営業が大事かということです。

元付けになるためには、物件を集めるだけではダメで、商品である土地、建物がどのような物件なのかをよく理解していなければなりません。

これが不動産調査（エスクロー）です。

物件の調査をしっかり行うことによって、お客様に十分説明ができ、不安を取り除き信頼を得ることができます。このことは「客付け」をした業者からも信頼を得ることにつながります。

物件調査の基本的なことを説明します。

調査の仕方は大きく分けて次の二つになります。

1．宅建業者のプロとして調べる調査
不動産を扱う専門家として、権利関係、法的制限等顧客にわかりやすく説明できるように調べます。客観的な調査です。

2. 所有者からの聞き取り調査

物件には所有者本人でなければわからないことがあります。特に建物の場合修繕記録とか、聞き込みが中心になります。場合によっては近所の聞き込みが必要な場合もあります。

宅建業者として調査する主な内容は、次のとおりです。

① 法務局での調査（主に権利関係）

◎登記事項証明書（謄本）をとり、所有者、土地、建物の面積、他社の権利（抵当権など）の有無、場合によっては閉鎖謄本も必要となります

◎土地の公図、地積測量図（土地の形や道路との接道、隣地との関係など）

◎建物の図面（敷地内における建物の配置）

② 役所での調査（主に法的制限）

物件にどのような法令上の制限があるのか調べます。都市計画法、建築基準法上のさまざまな制限にくわえ、その他の法律や行政独自の法的制限もあります。特に接道している道路については十分に調べることです。昔からある道路や、私的制限のある場合があります。

ライフラインである上下水道、ガス、電気（自由化になっているため）等も関係部署で調べ、図面等書類としてとっておきます。

部署によっては、担当者が変わることもありますので、担当者の名前（名刺を交換）などを記録しておきます。

「土壌汚染対策法（平成14年）」ができたことにより、地歴の調査が必要な場合があります。「地歴」とは、過去にその土地がどのように使われていたかという経歴です。特に工場、病院跡地の売買に関しては地歴を念入りに調べることが必要です。調査不十分で土砂の入れ替えに何百万円という損害を請求された事例もあります。

また、津波、水害等により、その地域がどのような影響を受けるかという資料としては「ハザードマップ」があります。自然災害から身を守るための資料です。これも調べて、お客様に説明する必要があります。

③ 現地調査

調査した資料を元に、現地に行き物件の確認をします。土地の境界（杭のある、なし）、接道道路との高低差、陽当たり等。建物であれば、外観、塀や屋根が越境していないか。中を見られるのであれば、内装や設備等、目視で良いですから、確認しておきます。

建物は本人でなければわからないことが結構あります。これらはメモしておき、後日、本人から聞き取り調査をします。

現地調査をするときの心構えとして大事なことは、自分がここに住んだ場合の目線で調査確認を行うということです。

そうすることによって、お客様への説明が具体的でわかりやすくなります。

④　市場調査

売買物件が市場でどれくらいの価格で取引されているか調べます。

固定資産税評価額、公示価格、相続税路線価を参考にしながら、取引事例をできるだけ集めます。取引事例がいちばん説得力があります。売却価格の決定については、業者としての価格査定をしますが、第一にお客様の希望額を尊重したほうが良いと思います。

最終的にはその時の市場価格に落ち着くというのが経験則としてあります。

⑤　所有者からの聞き取り調査

先ほどの業者としての物件調査は、客観的な調査で、基本的にはどの業者が行ってもそんなに差は出ません。

物件を知っているのは、所有者ですから、できるだけ主観をまじえず記入します。

私がふだん使っている北海道宅地建物取引業協会で作成している付帯設備表と物件状況確認書を参考までに掲載します（図表４－１）。

表2．その他設備

	その他設備の名称	設置箇所・設備の内容・付帯設備等（該当する箇所に○を記入ください。）	設備の有無	判明している故障・不具合の具体的内容
照明関係	屋内照明器具	計　台	□有・□無	
	屋外照明器具	設置箇所：	□有・□無	
収納関係	収納棚	（食器棚(造付)・電動昇降戸棚・つり戸棚）	□有・□無	
	収納スペース	（床下収納・小屋裏収納・　　　）	□有・□無	
	下駄箱		□有・□無	
			□有・□無	
建具関係	網戸		□有・□無	
	雨戸		□有・□無	
	畳・ふすま		□有・□無	
	戸・扉		□有・□無	
	障子		□有・□無	
テレビ視聴	地上波用TVアンテナ		□有・□無	
	衛星アンテナ		□有・□無	
			□有・□無	
その他	カーペット(敷込)		□有・□無	
	カーテン		□有・□無	
	カーテンレール		□有・□無	
	物置		□有・□無	
	物干し		□有・□無	
	スロップシンク(屋外)		□有・□無	
	屋外水栓		□有・□無	
	庭木・庭石		□有・□無	
	門・塀		□有・□無	
	車庫・カーポート		□有・□無	
	インターネット回線		□有・□無	
	住宅用火災警報器	設置箇所：	□有・□無	
	太陽光発電システム		□有・□無	
備考				

※注2の表示が「有」の設備は、消費生活用製品安全法及び同施行令により、経年劣化による重大事故の発生のおそれが高いものとして、平成21年4月1日時点で特定保守製品（9品目）に指定されたものですが、同施行令の改正により、令和3年8月1日時点で、特定保守製品は「石油給湯器」、「石油風呂がま」の2品目となりました。
（1）特定保守製品（石油給湯器、石油風呂がま）については、以下の項目について売主から買主へ伝えてください。
①製造メーカーより点検等を受けるためには、所有者情報の提供（登録・変更）が必要となります。
②該当製品は、製造メーカーが定めた点検期間に点検を行う必要があります。
③製造事業者への連絡先は製品に表示されています。
（2）特定保守製品から除外された7品目（屋内式（都市・LP）ガス用瞬間湯沸器、屋内式（都市・LP）ガス用風呂がま、FF式石油温風暖房機、ビルトイン式電気食器洗浄乾燥機、電気浴室換気乾燥機）のうち、点検期間の始期が令和4年7月27日より前のもの（令和3年8月1日より前に点検が行われたもの及び点検期間が経過しているものを除きます）については、（1）と同様の項目を売主から買主へ伝えてください。

年　月　日

本物件の付帯設備が上記のとおりであることを売主は、買主に告知しました。

<売　主>　氏名 ＿＿＿＿＿＿＿＿＿＿＿＿＿＿＿＿＿＿＿＿ 印

上記のとおり、売主より告知を受けました。

<買　主>　氏名 ＿＿＿＿＿＿＿＿＿＿＿＿＿＿＿＿＿＿＿＿ 印

図表4—1　付帯設備表（土地建物用）（物件名：　　　　）

「設備の有無」欄に「有」とした付帯設備等は、売主から買主に現況のまま引渡されます。引渡す設備等には、下記の「判明している故障・不具合の具体的内容」の欄に記載された故障・不具合のほか、経年劣化及び使用に伴う性能低下、傷、汚れ等があることをご了承ください。
「設備の有無」欄に「無」とした付帯設備等は、該当するものがないか、または売主が引渡しまでに撤去するものです。

表1. 主要設備

主要設備の名称		設置箇所・設備の内容・付帯設備等（該当する箇所に○を記入ください。）	設備の有無	判明している故障・不具合の具体的内容
給湯関係	給湯器	（電気・ガス・石油・太陽熱） 給湯箇所：（キッチン・浴室・洗面所）	□有・□無	
			➡特定保守製品の表示（注２）□有・□無	
		屋内式ガス湯沸かし器（個別）	□有・□無	
			➡特定保守製品の表示（注２）□有・□無	
			□有・□無	
水廻り関係	キッチン設備	流し台	□有・□無	
		混合水栓	□有・□無	
		レンジフード《換気扇》	□有・□無	
		コンロ　（電気・ガス）	□有・□無	
		グリル　（電気・ガス）	□有・□無	
		ビルトインオーブンレンジ（電気・ガス）	□有・□無	
		ビルトイン食器洗浄乾燥機（電気・ガス）	□有・□無	
			➡特定保守製品の表示（注２）□有・□無	
		浄水器	□有・□無	
		ディスポーザー	□有・□無	
			□有・□無	
	浴室設備	シャワー	□有・□無	
		混合水栓	□有・□無	
		浴槽（追炊き・足し湯・保温・湯張り）	□有・□無	
		浴室洗面台　鏡（有・無）	□有・□無	
		屋内式風呂がま《バランス釜》	□有・□無	
			➡特定保守製品の表示（注２）□有・□無	
		浴室内乾燥《浴室内乾燥（暖房）機》	□有・□無	
			➡特定保守製品の表示（注２）□有・□無	
	洗面設備	１階（洗面台・照明・シャワー・コンセント・鏡・曇り止め）	□有・□無	
		２階（洗面台・照明・シャワー・コンセント・鏡・曇り止め）	□有・□無	
			□有・□無	
	トイレ設備	１階（便器・温水洗浄・保温・乾燥・ロータンク・手洗い・　　）	□有・□無	
		２階（便器・温水洗浄・保温・乾燥・ロータンク・手洗い・　　）	□有・□無	
	洗濯設備	防水パン	□有・□無	
		洗濯用水栓	□有・□無	
			□有・□無	
空調関係	冷暖房機（電気・ガス・石油） 設置箇所：　　計　台		□有・□無	
	冷房機　（電気・ガス・石油） 設置箇所：　　計　台		□有・□無	
	暖房機　（電気・ガス・石油） 設置箇所：　　計　台		□有・□無	
			➡特定保守製品の表示（注２）□有・□無	
	床暖房設備（電気・ガス・石油） 設置箇所：　　計　ヶ所		□有・□無	
	換気扇（設置箇所：浴室・洗面所・トイレ・　　）		□有・□無	
	24時間換気システム		□有・□無	
その他	インターホン　（モニター：有・無）		□有・□無	
			□有・□無	
備考				

付帯設備表（土地建物用）1/2　©公益社団法人 全国宅地建物取引業協会連合会 '22.05

物件状況確認書（告知書／土地建物・土地用）（物件名：　　　　　　　　　　）

項　目	状　況
⑭擁壁について	□無・□有 方角：　　個／所有者：□売主□隣地所有者□共有□不明 方角：　　個／所有者：□売主□隣地所有者□共有□不明 取決め書：□無・□有 紛争：　　□無・□有　紛争の内容： 亀裂等の有無：□発見していない・□発見している 状況：
⑮地盤の沈下、軟弱	□発見していない・□発見している 状況：
⑯土壌汚染に関する情報	敷地の住宅以外（店舗・工場等）の用途での使用履歴 □無・□有・□不明 （　　　年　　月頃　用途：　　　　　　） 土壌汚染に関するその他の情報　□無・□有・□不明 （　内容：　　　　　　　　　　　　　　）
⑰地中埋設物	□発見していない □発見している／□旧建物基礎　□建物廃材　□浄化槽　□井戸 □その他（　　　　）場所・状況／
⑱騒音・振動・臭気等	□無・□有・□不明 状況：
⑲電波障害	□無・□有・□不明 状況：
⑳浸水等の被害	□無・□有・□不明 状況：
㉑近隣の建築計画	□無・□有・□不明 状況：
㉒売買物件に影響を及ぼすと思われる周辺施設	□無・□有・□不明 内容：
㉓売買物件に影響を及ぼすと思われる過去に起きた事件・事故	□無・□有・□不明 内容：
㉔近隣との申し合わせ事項	□無・□有・□不明 内容：
㉕その他売主から買主に引き継ぐ事項	
備考	

年　月　日

本物件の状況が上記のとおりであることを売主は、買主に告知しました。

＜売　主＞　氏名＿＿＿＿＿＿＿＿＿＿＿＿＿＿＿＿＿＿＿＿　㊞

上記のとおり、売主より告知を受けました。

＜買　主＞　氏名＿＿＿＿＿＿＿＿＿＿＿＿＿＿＿＿＿＿＿＿　㊞

物件状況確認書（告知書／土地建物・土地用）（物件名：　　　　　　　　）

売買物件の状況（現況更地は①～⑪の記入不要、建物解体後の更地渡しは①～③、⑦～⑪の記入不要）
売主は、売主が現在知っている売買物件の状況について、以下のとおり買主に説明いたします。

物件の状況　本物件は通常の経年変化があるほか、下記のとおりの状況であります。

項　目	状　況
①雨漏り	□現在まで雨漏りを発見していない。 □過去に雨漏りがあった。箇所： 修理工事：未・済　　年　月頃 □現在雨漏り箇所がある。箇所：
②白蟻被害	□現在まで白蟻の被害を発見していない。 □白蟻予防工事：未・済　　年　月頃 □過去に白蟻の被害があった。箇所： 駆除と修理工事：未・済　　年　月頃 □現在白蟻の被害がある。箇所：
③建物の不具合（傾き・腐食・不具合等）	□発見していない・□発見している 箇所・状況：
④給排水施設の故障・漏水	□発見していない・□発見している 箇所・状況：
⑤増改築・修繕・リフォーム・用途変更の履歴及び資料	□実施していない・□実施している（　年　月頃）□不明 箇所・内容： 建設業者： 建築確認済証：　□有・□無　検査済証：　□有・□無 設計図書：　□有・□無
⑥火災(ボヤ等含む)の被害	□無・□有　時期：　年　月　頃 箇所・状況：
⑦石綿使用調査結果の記録	□無・□有 調査年月日：　年　月　日 調査の実施機関： 調査の範囲： 備考欄：
⑧建物状況調査	□無・□有 （□建物状況調査報告書・□建物状況調査の結果の概要） 作成年月日：　年　月　日 調査実施者：
⑨耐震診断及び地震に対する安全性に関する資料	□無・□有（保存している資料） □耐震基準適合証明書　□既存住宅性能評価書 □耐震診断結果報告書　□既存住宅売買瑕疵保険の付保証明書 □その他（資料名：　　　）
⑩住宅性能評価	□無・□有（保存している資料） □設計住宅性能評価書　□建設住宅性能評価書 □既存住宅性能評価書
⑪建物新築時の資料及び分譲業者名	建築確認済証：□有・□無　設計図書：□有・□無 検査済証：　□有・□無 分譲業者・宅建業者名：
⑫境界について	隣地との境界：□確認できた・□確認できない 確認できない箇所： 取決め書：　□無・□有 紛争：　□無・□有　紛争の内容：
⑬越境について	越境：　□無・□有・□不明 越境物：□塀　□フェンス　□擁壁　□建物　□植栽　□給水管 □排水管　□ガス管　□その他（　　　） 取決め書：□無・□有 紛争：　□無・□有　紛争の内容： 場所・状況：

物件状況確認書（告知書／土地建物・土地用）1/2

3　物件を守るのは媒介契約

①　レインズに登録することによって手数料を安全確保

媒介契約がない場合の話。

地主から土地を売ってくれという売却依頼の話が来ました。付き合いのある地主ですから「わかりました」と口約束。

依頼された物件を調査し、売却の準備をしているとき。

知り合いの不動産ブローカーが、「いい物件がある」と、得意げに物件の話を持ってきました。

なんと！　当社の受けた物件と同じでした。しかも売却価格が違います。

あるときは農家の息子が土地を売ってくれと来ました。農地ですから地目変更をしないと売ることができません。名義人の親に確認しました。売る気は全くないということです。親子げんかです。

確認しないで買い手をつけていたら大変な事故になるところでした。

以前はこのような状況でしたから、不動産業者が世間から軽蔑されたのも当然でした。

今は違います。

媒介制度が法的にできたからです。

売却依頼（または買い依頼）を受けると、依頼者と宅建業者との間で媒介契約という書面を交わします。

国土交通省で、標準媒介契約約款として定めた書式で、3タイプあります。

媒介契約書の内容は、所有者、売却価格（買い希望価格）、仲介手数料、レインズの登録、報告義務等が明記されています。

この書面は、宅建業者でないと使用できないので、無許可のモグリ業者を排除するのにも役立っています。

三つのタイプの媒介契約を、わかりやすく表にまとめました（図表4－2）。

1　専属専任媒介契約書

三つの中で、依頼者にも仲介業者にも一番規制の厳しい媒介契約です。

依頼者は自分でお客様を見つけても必ず仲介業者を通さなければなりません。

仲介業者は、レインズの登録は5日以内、依頼者への報告は7日ごととなっています。依頼者にとっては、きめ細かいサービスを受けることができ、仲介業者にとっては、少なくとも必ず片手の手数料は保証されます。

2　専任媒介契約書

専属専任媒介契約と大きく違うことは、依頼主がお客様を「自ら発見」できることです。

この場合仲介業者は「客付け」をしていませんから、基本的には仲介料の請求はできません。ただ、一般的には依頼者が契約から物件の引き渡しまで行うのはまれで、大概の場合仲介業者が間に入ってこれらの作業を行います。この場合、かかった費用を請求できます。

また、一社のみの媒介契約ですから、他社に物件をもっていかれるという心配はありません。

図表4―2 媒介契約の3種類

	契約の形態	自分で買い手を発見する場合	契約期間	レインズ登録	報告
一般媒介契約	複数の業者と契約可	仲介会社を通さないで良い	指定なし ただし3カ月が一般的	登録義務なし	指定なし
専任媒介契約	一社のみ契約	同上	3カ月	登録する 7日以内	14日に1回
専属専任媒介契約	一社のみ契約	仲介会社を通す	3カ月	登録する 5日以内	7日に1回

3　一般媒介契約書（明示型・非明示型）

依頼者は複数の仲介業者に依頼できる媒介契約です。自ら発見もできます。依頼者から見ると、複数の業者に任せるから成約する確率が高いと思われるかもしれません。仲介業者から見ると、どこの業者が決めるかわかりませんから、経費をかけて安心して営業ができません。また、一般媒介はレインズの登録義務も依頼者への報告義務もありません。

このように媒介契約が法的に整備されたということは、不動産トラブルの防止に大いに役立っています。さらには、一生に何度も経験しないお客様にも安心感を与えます。

ただし、今の媒介制度には重要な欠点があると思います。

専任媒介にある「依頼者は、自ら発見して相手方と売買又は交換の契約を締結することができる」という条項です。

これでは媒介契約の骨抜きです。

専門家である仲介業者に媒介を依頼しておきながら、一方では依頼者自身が自らも営業できますということは矛盾しています。いろいろな法的制度のある不動産という商品を、一般の人にきちんと説明できるでしょうか。

重要事項説明は何のためにあるのかということです。

せっかくできた媒介制度ですから、「依頼者自身から顧客を見つけた場合、仲介業者を通さなくてよい」というグレーゾーンは改正すべきです（協会と国交省にひと言、言ってやりたいです）。

私は媒介契約は次の2とおりで良いと思っています。

1. 複数の仲介業者に任せる（現在の一般媒介に相当）
2. 一社のみに任せる（現在の専属専任媒介、専任媒介を一つにまとめる）

1の場合、依頼者が親子関係、知人友人等の個人間での取引の可能性がある場合、「反復、継続しない」という宅建業法違反をしないという範囲で認めても良いと思います。

複数の業者名も事前に明確にすることです（非明示型は廃止）。

また、依頼者自ら顧客を見つけても、必ず仲介業者を通すこととし、受けた業者は重要事項説明をすることです。ただし、営業活動していないわけですから、法定手数料は請求できないので、経費の請求は当事者に任せるのです（この場合、費用等請求のガイドラインを国または業界で作成する）。


2の場合、一社のみの媒介ですから、業者は安心して営業活動でき、顧客は必ず仲介業者を通すわけですから、業者としての専門性もさらに高く要求されると思います。

こうすることによって、安定した収入の確保につながり、業界、業者の地位の向上につながると思います。

レインズに登録は業者として絶対条件

レインズとは、宅建業者のみが利用できる不動産流通の情報ネットワークシステムです。

国土交通省が指定する不動産業流通機構が管理、運営しています。

東日本、中部、近畿、西日本の四区域に分かれています（図表4－3）。

専属専任媒介、専任媒介は、必ず物件をレインズに登録しなければなりません。

レインズに登録することにより、不動産売買の情報は全国の業者に拡散します。

全国の宅建業者が情報を共有することにより、物件の成約がスピーディーになります。

また、レインズの活用により、物件の相場も知ることができます。

原則として業者のみの利用ですから、個人情報についても安心です（ただし、依頼者本人も情報を知るシステムはある）。

図表4—3　レインズの4区域

■（公財）東日本不動産流通機構（東日本レインズ）
北海道・青森県・岩手県・宮城県・秋田県・山形県・福島県・茨城県・栃木県・群馬県・埼玉県・千葉県・東京都・神奈川県・新潟県・山梨県・長野県

■（公社）中部圏不動産流通機構（中部レインズ）
富山県・石川県・福井県・岐阜県・静岡県・愛知県・三重県

■（公社）近畿圏不動産流通機構（近畿レインズ）
滋賀県・京都府・大阪府・兵庫県・奈良県・和歌山県

■（公社）西日本不動産流通機構（西日本レインズ）
鳥取県・島根県・岡山県・広島県・山口県・徳島県・香川県・愛媛県・高知県・福岡県・佐賀県・長崎県・熊本県・大分県・宮崎県・鹿児島県・沖縄県

さらに物件を公開することにより、従来から問題となっている「物件の囲い込み」の防止にもなります。

ただ、完全に囲い込みがなくなってはいないので、囲い込みが発生した場合、業界として罰則規定を設けるべきです。

このように業界が自浄作用することによって、消費者から信頼を得ていきます。

② レインズの活用について

現在、全国を四区域に分けていますので、物件を探している人は、やはり自分の住んでいる地域が最優先です。なにかの事情で遠く離れた場所を探す人もいます。いずれにしても物件情報の公開をもっと細分化したほうが消費者のためになります。

できれば、都道府県ごとに分けて、物件情報もさらにきめ細かく公開できないかと思います。

たとえば、中古住宅であれば、ただ物件の紹介ではなく、物件の修繕履歴を載せるとか。

地域に限定している不動産ポータルサイトも参考になります。

4　重要事項説明書は業者の命

物件を受託し、媒介契約を交わしてインターネット等で広告宣伝をします。買い手がつきます。

宅建業者は契約する前に「重要事項説明書」の内容を説明しなければなりません。

それを行うのは国家資格を持っている「宅地建物取引士」です。

「重要事項説明書」とは、その物件（商品）がどのような物件なのか、権利関係や法律上の制限、その他生活環境などを文書で表したものです（宅建業法35条書面　1号～14号）。

項目のみを表にまとめておきます（図表4－4）。

重要事項説明書を作成するためには、その物件の調査をきちんとしていなければば作成できません。また、調査の中で法的に決められたこと以外でも、取引上重要なこと（特に買主に不利になること）は記載をし、資料として添付しなければなりません。

契約前に説明をし、納得してもらって、説明を受けたという買主の署名押印をもらいます。

こうすることによって、「言った」「言わない」のトラブルを未然に防ぐことができるので、業者にとっても買主にとっても重要な文書です。

不動産取引は買い手にとって、何百万、何千万円という高額で、一生のうち何度も経験するものではありません。日常品を買うのとわけが違います。

宅建業者は、不動産取引を日常業務として行っていますが、慣れによる安易な気持ちで説明するのではなく、専門用語はわかりやすく、きちんと説明をし、納得して買ってもらうことが大事です。

重要事項説明の不備や、調査不十分のため裁判になり、負けた例はいくらでもあります。

しっかりと「重要事項説明」を行うことは、業者の命を守るといっても過言ではありません。

重要事項説明は対面で行うのが原則ですが、2021年4月の宅建業法改正で、インターネット等を使ったIT重説(アイティージュウセツ)が可能になりました。

機器の使用上の注意点はありますが、買主に事前に重要事項説明書を書面で送ります。原則は対面の説明と同じです。

図表4—4 重要事項説明で記載する内容

事項	項目
物件に関する事項	・登記事項に記載された事項 ・法令に基づく制限の概要 ・私道に関する負担に関する事項 ・飲用水・電気・ガスの供給施設および排水施設の整備状況に関する事項 ・宅地造成または建物建築の工事完了時における形状・構造等に関する事項 ・区分所有建物の場合の敷地に関する権利、共用部分に関する規約等の定めなどに関する事項
取引条件に関する事項	・代金、交換差金および借賃以外に授受される金銭に関する事項 ・契約の解除に関する事項 ・損害賠償額の予定または違約金に関する事項 ・※手付金等の保全措置の概要 ・支払い金または預かり金の保全措置の概要 ・金銭の貸借のあっせんに関する事項 ・契約不適合責任の履行に関する措置の概要
その他の事項	・国土交通省令・内閣府令で定める事項

※宅建業者が自ら売主となる場合のみ必要

5　インターネットと地域密着

インターネットは、今では電気、水道と同じく社会のインフラの一つになっています。

日常の生活でも、仕事をしていくうえでも、インターネットは生活のすみずみまで浸透しています。

ネット環境が整備された今は、商品を買う消費者の買い方が変わりました。特に検索機能の普及が消費者の買い方スタイルを変えました。

たとえば、テレビを買おうと思った消費者はネットで各メーカーのテレビの種類・価格・機能を調べます。これと思ったテレビを見つけたら、実店舗に行き、現物を確認し、ネットでの検索結果と比較します。逆に、先に実店舗でテレビを比較検討し、家でネット検索をします。いずれにしてもすぐ購入しないで、同じ商品であれば、最終的には価格が安いところ、サービスの良い店舗で購入します。消費者は店員の売り込みを気にせず、商品を選び（検索）ます。商品知識についてもネットで検索していますので、店員、営業マンと面談しなくても購入するものを決められるのです。

①　検索の仕方

不動産の特性から、消費者のインターネット、検索の仕方を見てみましょう。

顧客は不動産のポータルサイト、または不動産業者のホームページに行きます。自分の希望する地域に行き、画面に表示されている物件（売買物件、賃貸物件等）を検索します。

売買物件は、類似物件はありますが、１００％同じ物件はありません。建っている土地は世界でただ一つですから。しかも時価です。売り手も同じ条件の在庫はありません。

しかも、長期のローンで購入する顧客がほとんどです。顧客は迷いながら何度もサイトを訪れます。同じ物件情報だけではあきらめて、検索されなくなります。

特に大手が運営している不動産ポータルサイトでは物件表示のスタイルが決まっており、会社の独自性を発揮できません。

② 物件情報だけでは差別化はできない ネットを通じて、顧客と地域密着を

不動産という商品は、ただ一つ。代わりがありませんので、不動産を取り巻く環境を変えて訴えるのです。つまり、その不動産のある地域の情報をきめ細かく伝えるのです。

病院、学校、買い物、交通、自然の環境。あたかもお客様がすでに住人でいる

かのような情報をどんどん流すのです。地域の歴史、街のイベント情報なども良いでしょう。

ここでは、いかに宅建業者が地域に密着しているかが決め手になります。もう一つ大事なことは、物件の良いところばかり宣伝しないで、その物件の欠点、悪い情報も伝えるのです。正直に伝えることによって、お客様に信頼され、安心感を与えます。通常、売り込むために良いところばかり伝えようとしますが、お客様は見抜いています。

ホームページは24時間営業しているお店です。地域に根ざしたホームページを目指しましょう。

③　メールは大事に、有効に使う

ホームページがお店ならば、メールは営業マンです。

メールの会話は一対一の会話です。

お客様から問い合わせの通知が来たら、返信するのは当たり前ですが、素早く対応すべきです。問い合わせしたお客様は1分でも早く返事が欲しいものです。内容を伝えるときには、専門用語を避け、ごく普通の話し言葉で、慣れたら顔文字を入れたほうが良いです。相手から顔文字が来るようになったらしめたものです。

④　顧客のデータベース化。ファンになってもらう

いろいろな業種の中で、不動産業ほど個人の情報が集まる業種は珍らしいと思います。

不動産売買のローンを申し込む時は、住所、氏名、年収、勤務先、家族構成などさまざまな個人情報を申込書に書きます。賃貸の場合でも同様のことが求めら

れます（保証会社等）。

もちろんこれらの個人情報は悪用できませんが、きちんとデータベース化しておいてください。将来、必要になります。データ化したら、紙ベースに書かれた書類等は必ずシュレッダーで処理しておきましょう。個人情報の管理は常に慎重でなければなりません。

契約が終わると、よくあることですが、多くの宅建業者はお客様にメールを打たなくなってしまいます。不動産は、健康食品の通信販売のように反復して取引ができる商品ではないからです。だから宅建業者は、お客様のリピート化が難しいため、常に新規のお客様を追いかけています。

しかし、先ほどもお話ししたように、不動産業は立派な〝信頼産業〟です。高額で返品交換ができない商品を契約したということは、そこに厚い信頼関係が成立したということです。

この信頼関係を取引が終わったからと無駄にしてはいけません。
少子化が進み、消費者の購買意識が変わっていくなかで、一度取引のあったお客様を不動産を通じて生涯コンサルティングしていくことが、これからの宅建業者としての使命だと思います。お客様ご自身の相続や税金の問題、お子様が大きくなったら家を借りたり、買ったりするかもしれません。それらをサポートしていきましょう。

取引後も会社や、あなた自身をお客様に忘れさせないようにするためにはどうしたら良いか。ここでその方法を教えましょう。

それは、**情報発信（メールの活用）**です。
難しく考える必要はありません。
地域のイベント、会社での出来事、ちょっとした不動産にまつわる豆知識等、お客様を飽きさせない情報を工夫して、そこに新規物件の紹介を入れてメールを送るのです。恋人の文通のような感じで。

これらの情報は成約にならなかったお客様にも送ります。途中からメールが来なくなるお客様は、他社で決めているかもしれませんが、それに構わず送ります。

また、賃貸契約したお客様は、将来住み替えを含め、マンション、戸建て住宅を必要とする時期が来ます。末永い気持ちでメールします。

このときは、先に述べたデータベースが役に立ちます。

目的は、お客様をあなたのファンにすることです。

⑤　紹介制度の確立を

メールのやりとりをしていくなかで、お客様に当社の紹介者になってもらう制度です。

当社の紹介システムを一部紹介します（図表４－５）。参考にしてください。

できれば紹介者同士が集まって食事会、研修会を開いて、地域活性化のコミュニティができれば最高です。

図表4―5　当社のお客様紹介制度

<table>
<tr><th>名　称</th><td colspan="3">準社員制度（紹介者のこと）</td></tr>
<tr><th>対　象</th><td colspan="3">旧顧客・友人・家族　等、信頼できる人　名前を登録してもらう。
場合によっては担当社員とチームを編成</td></tr>
<tr><th rowspan="5">報　酬</th><td>固定費</td><td colspan="2">月額2,000円～3,000円（通信費）</td></tr>
<tr><td colspan="3">紹介料（特別な経費を除き仲介手数料を基本とした割合）</td></tr>
<tr><td>A</td><td>情報提供のみ
（例　「あの人、家探しているよ」）</td><td>5%</td></tr>
<tr><td>B</td><td>情報提供して、一緒に行動してくれる
（例　お客様へ一緒に同行して訪問）</td><td>15%～
20%</td></tr>
<tr><td>C</td><td>情報提供だけではなく、すでに契約直前まで話がついている（例　契約書をもって行く）</td><td>20%～
30%</td></tr>
<tr><th>備　考</th><td colspan="3">1　準社員は全員が名前と連絡先を登録してもらう。
2　準社員は社員とグループを編成（情報の一元化）。
3　大型物件をはじめ、交渉が長期に及ぶ場合、必要に応じて「媒介紹介契約書」を作成する。
4　紹介料は金銭だけではなく、商品カードも用意しておく（少額のアパートなどの場合）。</td></tr>
</table>

第5章

コロナ禍後の不動産業（宅建業）の生き残り作戦

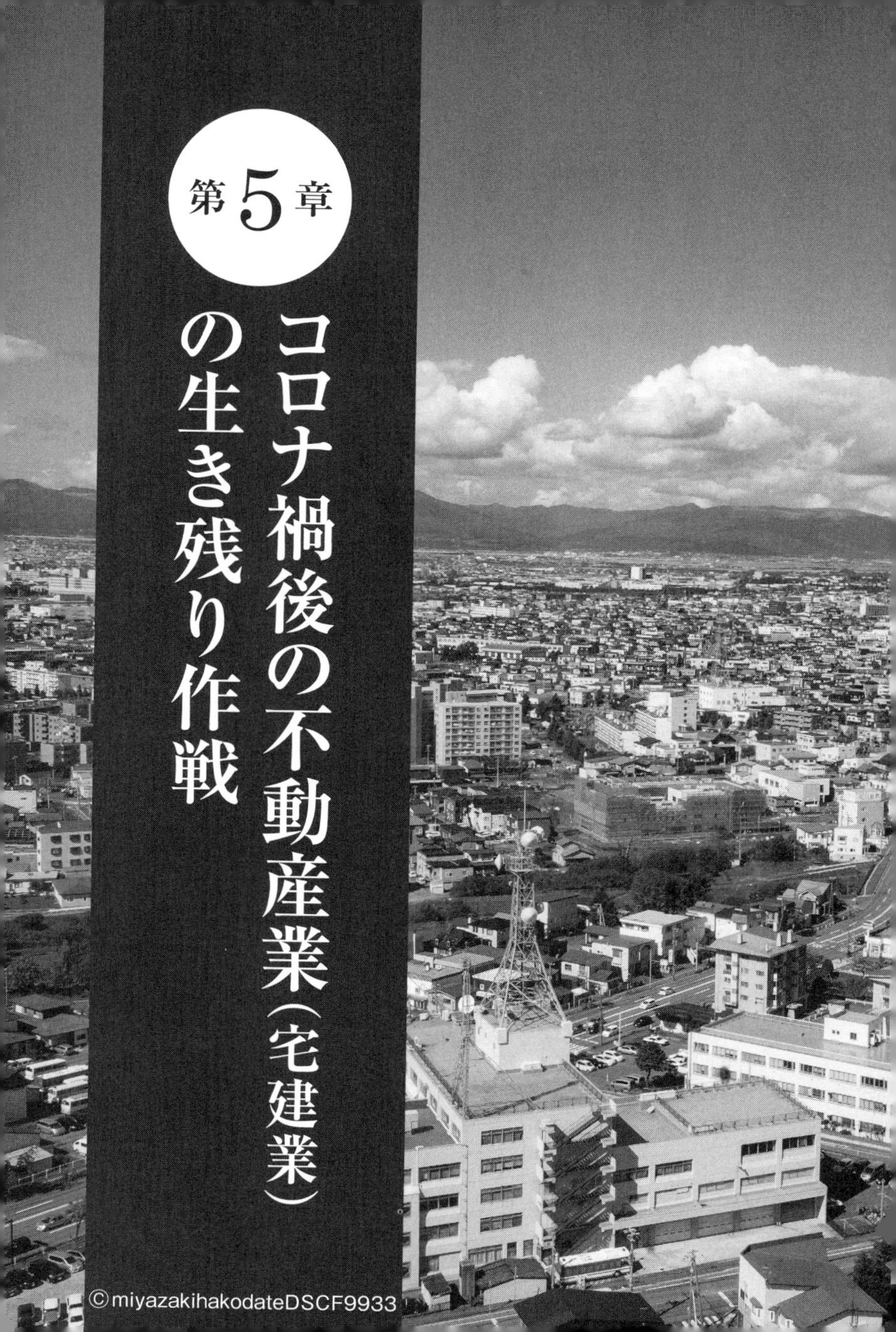

この章のねらい

第1章の「起業の心構えから」第4章の「実際の営業活動」まで述べてきました。

開業して、しばらくは会社を軌道に乗せるのに必死です。

会社が安定してくるにしたがって、これからの業界、仕事の行き先はどうなるのだろうと考える時期が来ます。

世の中は常に進歩し、変化しているわけですから、それに対応していかなければ生き残れません。

コロナが終息しつつある今、コロナによって世の中は変わるのでしょうか。

人口減が進み、急速に老齢化が進み、単身世帯が増えていく……。

それに伴って空き家が増え、社会問題になっている……。

これらの社会現象は不動産業（宅建業）の未来にとって明るい材料ではありません。

一方で私たちの業界は「住まい」という人間の基本的な生活基盤の一端をになっています。

生活していくうえで絶対になくならない産業です。なくならない以上、生き残っていく道を探さなければなりません。

私は約50年間の不動産業の仕事をしてきたなかで、田中角栄時代の「土地神話」、土地転がしの「バブル時代」、リーマンショックによる「不動産投資の失敗」など、そのときどきの不動産市場の潮目を見てきました。

私は学者でも政治家でもないので、今の日本の置かれている状態を学問的に解説したり、もっともらしく未来を予測することはできません。

この章では、あくまでも実務者の目から、または今までの経験から、これから宅建業はどうやって生き残るか、問題提起を含め考えてみたいと思います。

1　コロナ禍後、世の中は変わったのか

不動産業界（宅建業者）はどう対応するか

ここ数年、世界中を巻き込んだ大きな事件は新型コロナウイルスです。

私たちは、新型コロナウイルスというパンデミック（世界的な感染症の拡大）を経験しました。

２０１９年当時、私は中国の一地方で発生した疫病は、対岸の火事くらいにしか思っていませんでした。

あなたは、どう思っていましたか？

それがあっという間に世界中に飛び火し、社会、経済を混乱に陥れました。


「マスクをしろ」

「集まるな、イベントは中止」

「一斉休校だ。登校はするな」

日本中が一丸となって、敵（新型コロナウイルス）と戦ったのは、前の第二次世界大戦以来です。

街中がマスクの顔です。近所を見張る人も出てきました（戦時中の隣組です）。テレビ等のマスコミは連日、感染者の「数」の発表です。戦時中の日本軍の戦果の発表を思い出した人たちもいたのではないでしょうか。

戦争を体験していない世代には、初めての国の統制です。

それが、戦後急速に民主化が進み、今日に至ったのと同様、コロナが普通の風邪扱い（第５類）に変わり、経済最優先で普通の生活に戻りつつあります。

第二次世界大戦、阪神淡路大震災、東日本大震災、これらの人災、自然災害では多くの人命だけでなく、あらゆる建物、施設が破壊されました。

疫病のパンデミックは、建物、施設等の形あるものは破壊しませんでしたが、生活のスタイル、人の感情、世の中の仕組みには影響を与えています。

身内に死者が出ても、見送ることができないという、非人間的な体験をしてきました。今まで気がつかなかった（知らせられなかった）医療体制の脆弱（ぜいじゃく）性や勉強不足の政治家の発言。

日本はこんな国だったのかと思い知らされました。

現在、各種機関やマスコミなどが、コロナ後の社会の変化について発言していますが、完全にコロナが終息したわけではないので、決定的な評価はできないと思います。

また、「Z世代」といわれる1990年代中盤から2000年代に生まれ、コロナ禍後の真っ只中で思春期、青春を送った人たちの価値観がこれからどう社会に影響していくのか目がはなせません。

では、宅建業からみて何が変わったのか、それが仕事にどのように影響したのか考えてみます。

第一に、コロナ禍の影響で、社会のあらゆるところで、一気にデジタル化が進んだことです。

仕事の仕方にしても、出社をしなくてもできる仕事は、オンラインでテレワークという形でできることが実証されました。

日常の会話にしても、電話ではなくメールです。記録が残るから後日検証ができます。外に出ていてもスマホを使い、連絡を取り仕事をこなしています。送ってもらったデータをコンビニに行ってコピーを取ります。仕事がどんどんスピード化しています。

不動産取引は、契約や重要事項説明（以下重説）は対面が原則でした。

今は「ＩＴ（アイティー）重説」といって、インターネットを使ってオンラインで仕事ができます。コロナ禍によって急速に普及しました。

ＩＴ重説を行うことによって、次のことが可能になりました。

1．遠方から出向く必要がない。時間の無駄を省ける。
2．日程の調整がしやすく、場所を選ばない（インターネットの環境さえ整えば、タブレット等の端末で可能）。
3．画面を見ながら気楽に質問できる。等

そのためにはＩＴ環境が整備されていることや、事前に重要事項説明の書類を買主に送っておくこと、画面を通じて説明者が宅建士であることを証明しなければなりません。

物件の案内にしても、グーグルの地図を使って確認できます。

オンラインコミュニケーションやテレワークの普及により、いずれ都市への一極集中が鈍ります。

デジタル化の波に乗り、地方都市や自然、環境、生活のしやすさなどをネットを使って広く宣伝していくのも、宅建業者の生き残り作戦の一つです。

デジタル化についていけない宅建業者は、廃業するしかないでしょう。

2　人口減少、急速な老齢化、空き家の拡大

コロナ禍後の社会の変化にどう対応していくかも大事ですが、宅建業者として、人口減少に伴う老齢化、空き家の拡大にどう対処するかは身近な問題です。

日本の人口は?……。

2010年に1億2800万人だったのが、2030年には1億1600万人になると予測されています。東京都の人口のほとんどがすっぽりいなくなるわけです。

年齢区分別でみても、15歳から64歳までの働き手の人口が減少し、65歳以上の高齢者が増え、生産力、消費力ともに下り坂です。

2055年ごろには、日本の人口は1億人を下回ると予想されます。

1945年、第二次世界大戦終結時の人口が7200万人だったことを考える

と、日本はこの約80年の間にいかに猛スピードで人口増加を走ってきたかです。どんどん子どもをつくり、一生懸命働き、マイホームを求め、疲れが出てきたのです。2008年の総人口1億2800万人をピークに一貫して減少しています。

先進国全体が人口減少です。医療などの発展によって高齢化が進むと、出産率が下がるというのは自然の摂理です。子どもの産めない年寄りが増え、子どもを産める若者が減るわけですから。

戦前、戦中の「産めよ、増やせよ」ではなく、人口減少、少子高齢化に対応する社会の仕組みづくり、経済のあり方を真剣に考える時期です(今さら遅いですが)。

世帯数は?……。

人口減少の中で世帯数は増えています。世帯別では単身世帯が増えています。

単身世帯は、次のとおり二つのパターンに分かれます。

1．長年連れ添った夫婦の一方が亡くなり、遺されたソロ老齢単身世帯
ソロ老齢単身世帯の住宅は、いずれ相続の対象となり、相続人が住むか、売却などにより有効に活用できれば良いが、そうでなければ空き家となり、放置される可能性がある。

2．親と同居せず、一人でアパートなどを借りて住むソロ若年単身世帯
ソロ若年単身世帯は、親元を離れて生活できるわけなので、それなりの生活が維持できるということ。

2の世代は、親が住宅ローンという多額の借金で苦労してきたのを見て育っています。

収入の大半を住宅費につぎ込むのではなく、人生を楽しむためにお金を使うという意識です。家賃さえ払っていれば快適な生活ができるという考えです。

造れば借り手がいるという時代はとっくに終わり、一定水準以上（新築並み）の設備、間取り、インテリア、または家電付きという条件が求められます。

また、住宅の需要は人口の増減よりも、世帯数の増減により影響が出ます。

このようにみると、住宅には次の市場の変化が現れます。

1. 新築の需要の伸び率より、中古住宅の市場が大きくなる。
2. 中古住宅を買うことによって、リフォーム、リノベーションの市場が拡大する。
3. 賃貸住宅は、質の良い住宅、交通、環境の良い物件が求められ、古い物件は借り手が少なくなる。貸し手側は物件の選別に対応しなければならない。

このような市場の変化に宅建業者がどう対応していくかによって生き残れるかどうかがかかってきます。

3　空き家問題はビジネスチャンス！

空き家問題は社会の大きな問題ですが、私たち宅建業者にとっては、まさにビジネスチャンスです。

日本の空き家は年々増えています。

２０１３年で８２０万戸、７戸に１戸の割合でした。ところが２０３３年になると２１５０万戸、３戸に１戸が空き家になると推測されています。

単純に「空き家」といっても、空き家は次のように分類されます。

1. 売却用・販売用の空き家
2. 賃貸用・入居者募集中
3. 二次利用・別荘等
4. その他

1から3までは所有者（管理者）がハッキリわかるので、空き家としては扱いませんが、4の「その他」の空き家が問題です。

空家等対策の推進に関する特別措置法（**空家対策特別措置法**。2015年5月施行）による空き家の定義は「1年間人の出入りの有無、水道、ガス、電気の利用により判断する」とあります。

これだけでは実際のところ、空き家として扱うのは不十分です。「その他の空き家」は、相続放棄や所有者不明、または所有者がいても管理不十分の物件が大半です。

ゴミ屋敷のように住民の生活環境に悪影響を及ぼす空き家は、「特定空家」として市町村の管理下におかれ、指導、命令、最悪の場合は代執行（行政が解体、費用は所有者に請求）の対象になります。

私たち宅建業者は、あくまでも空き家を商品としてみるわけですから、空き家を判断する場合、空き家の利用価値（買取りか仲介か、売買か賃貸か）、運用方法（居住用か古民家カフェなどの店舗か、または更地として土地の売買が良いのか）

リフォームした場合の費用など、多方面から検討しなければなりません。

大事なことはなぜ空き家になったのかその原因を調べることです。

相続人同士がもめている、解体費用がない、どうしたら良いかわからない（結構この人たちが多い）など、空き家になっている事情はさまざまです。

現在、空き家、空き地対策として、市町村の自治体が運営している「空き家バンク」があります。これは管理できない（または売却、賃貸希望者）物件所有者が物件所在地の自治体に物件を登録するという制度です。

「空き家バンク」は自治体のエリアで営業している不動産会社に情報を提供しますが、自治体が運営しているので、自ら売却に向けての活動はしません。

ここで空き家の一例をあげます。

売れ筋の物件で、所有者不明の物件があります。

私たちは、物件の現在の登記事項証明書（登記簿謄本）を取ったり、近所の聞き込みをして、所有者を探します。ただ、現在の登記事項証明書に書いてある住所に住んでいないと調べようがありません（ここで業者の活動はストップ）。自治体で固定資産税を担当する部署は、所有者または相続人の現住所を知っているはずです。

放置されている空き家は、行政と宅建業者が情報交換をし合い、積極的に空き家解消に向けて協力し合うべきです。

空き家、空き地問題は、宅建業者にとってはビジネスになり、自治体にしても移住、定住のきっかけをつくることになります。

不動産業者として、各地域の宅建協会が自治体としっかりした協調体制を結び、社会全体として解決の方向へ向かうべきです。

「空き家バンク」は良い制度ですが、まだまだ改善の余地があります。

4　賃貸管理業で安定収入を確保する

不動産の仕事の分野に、「賃貸管理業」という仕事があります。賃貸管理業そのものは、不動産の売買・賃貸はしないので、宅地建物取引業の免許は必要ありません。しかし、賃貸を主に営業している会社では、賃貸管理を会社経営の柱にしているのが一般的です。

賃貸業は土地所有者（地主）がアパート経営をしていた時代に始まりました。以前は、物件所有者と物件（入居者）管理には明確な線引きはありませんでした。

入居者の苦情や家賃の滞納の催促は、宅建業者のサービス業務でした。

大家さんから

「〇〇さんの家賃が遅れている。催促してくれ」と言われると、

「はい、わかりました」

宅建業者は物件・お客様を逃したくないから、無償で働いていました。以前は出れば入るという時代でした。

賃貸用の空き家が増えることにより、賃貸市場は「貸し手市場」から「借り手市場」に変わりました。造れば入るという時代は終わったわけです。

また、人口減・老齢化・単身者の増加による社会の変化を受けて、賃貸市場は「貸し手市場」から「借り手市場」に変わりました。

入居者の意識も変わり、物件を選ぶようになり、また、退去時の原状回復のトラブルも複雑になり、片手間での対応、管理ができなくなりました。

一方で老後の支え、年金不足に対する備え等の理由により副業が認められるようになり、不動産投資の一環として、家賃収入を求めるサラリーマンも増えました（サラリーマン大家さん）。

大手不動産会社が、テレビ、新聞、ラジオのマスメディアを使い、連日不動産投資の宣伝をしています。これらの宣伝に乗り、「誰でも儲かるだろう」という安易な気持ちで賃貸経営に走る人も増えました。当然トラブルも増えました。今まで潜在化していた賃貸人のトラブルも顕在化し、社会問題の一つとなりました。

このような時代背景もあって、賃貸住宅の管理業務等の適正化に関する法律（**賃貸住宅管理業法**。２０２０年6月施行）が制定されました。賃貸住宅管理の専門家としての国家資格「賃貸不動産経営管理士」も創設されました。賃貸管理会社の全国組織として、公益財団法人の日本賃貸住宅管理協会（日管協）もあります。

賃貸管理に関して、法整備され、全国組織もできたということは、賃貸管理業が事業の一分野として社会に認知され、確立したということです。

賃貸管理業は、物件所有者オーナーと管理業契約を締結して行う法的に整備された業務です。

業務の主な内容は次の二つになっています。

1. 入居者の募集・空室管理・催促・退去時の精算業務・その他入居者の苦情処理
2. 建物の維持管理、廊下・階段・玄関などの共用部分の点検・管理・清掃、エレベータ・共用部分電気設備・水道設備等の維持管理、または必要に応じた管理・修繕

大事なことは、収益の原泉である「居室」を入居時、退去時にきちんと整備し、入居者に快適に生活してもらえるよう、オーナーをサポートすることです。

これらの業務を委託されることによって、管理会社に毎月の管理手数料が入ります。

管理手数料は、地域や建物の大きさによって差はありますが、一般的に家賃入金額の3%～5%が多いようです（サブリースは別です）。

一定額が毎月入金されるわけですから、銀行の利息収入と同じで、安定した収入源です。

たとえば、1000万円の家賃収入で5%の管理手数料として、毎月50万円が入るわけです。目標とする管理手数料があれば、管理戸数・家賃を計算してみてください。

賃貸管理業務は、比較的新しい仕事の分野です。大手のマンション業者、ゼネコンは自社のマンション等の賃貸を自分たちのグループの会社に任せています（RC造、S造が主です）。

ただ、民間賃貸住宅の80%は個人所有です。そのうちの6割は60歳以上の所有者です。木造住宅、いわゆる賃貸アパートが大半です。市場はまだあります。

一方でライフスタイルの変化により、良質な賃貸住宅を求める人は今後も増えていきます。それに伴って賃貸管理業務も複雑化していきます。

安定収入だからといって単純に物件（入居者）の管理をするのではなく、入居率のアップ、入居者の満足度を高め、長く入居してもらうこと、自らがオーナーになったつもりで、不動産経営の一つとして賃貸管理業務をしていく必要があります。

以前、外国人のマンションオーナーから、物件の管理委託を任されたとき、入居者管理だけでなく、敷地にある空き地の利用を考えて収益を上げなさいと注意されたことがあります。

たとえば、道路に面している宅地に自動販売機を設置するとか、駐輪場をつくり第三者へ貸すとか。いわゆる土地の有効活用です。

なるほどと、考えさせられました。

まさに、オーナーの立場に立った不動産利用をしなければ生き残ることはできないと思いました。

これからの宅建業者は、地主やアパート・マンションのオーナーたちが持っている不動産をいかに有効に活用し、確実な収益を上げていけるかを提案する能力、いわゆるコンサルティング能力が求められます。

5　宅建業者は町医者。不動産ドクターに

不動産仲介をメインとしている宅建業者は人と人とのつながりが大切です。情報は人が持ってきます。その情報を人につなぐのが宅建業者です。

不動産を親から相続した、新しい住まいが欲しい、事情があって自宅を売却したい、アパートの空室を埋めたい、遊休不動産を運用したい、不動産に投資したい。

このように不動産にまつわる相談ごと、悩みごとはさまざまです。一生のうち何度も経験しない相続や不動産取引ですが、独立・子育てのように人生の節目で必ず経験するのも不動産取引です。

取引の内容によっては、専門的な知識を必要とするため、的確な判断が求められます。

今、大概のことは、インターネットで調べる時代です。ただ、個々の案件で具

体的になると、やはり面談で話をしたほうがわかりやすいです。

私は、これからの不動産業、特に仲介をメインとした宅建業者は、「不動産」の「**町医者**」になるべきだと思います。

「町医者」の語源は、江戸時代、幕府や大名のおかかえ医者、御典医に対して、市中で開業している医者のことをいったようです。

今では個人で開業している医者のことですが、「町医者」という言葉が現代でも生きているのは、町医者が体の病状を診るだけでなく、庶民の生活上のもろもろの相談ごとにものっていたからだと思います。庶民の生活に根ざしていたのです。

私は、宅建業者も町医者として、「**不動産ドクター**」と称しても良いと思います。宅建業者≒不動産ドクター。

○○不動産ドクターです。

日常のちょっとした不動産に関する困った悩みを気楽に相談できる立場になることです。よろず相談で良いわけです。

もちろん宅建業者が一から十まですべての問題に対応するのは難しいです。そのためにはその道の専門家、有資格者、たとえば法的なことであれば弁護士、税のことであれば税理士、登記関係であれば司法書士というように、それぞれの専門家と密接な連絡を取れるネットワークを作っておくのです。

このネットワークは病院であれば総合病院です。不動産ドクターで解決できない問題は、不動産総合病院に任せるのです。

こうして、地域の中に密着した経営をすることによって、宅建業者は生き残っていけます。

かつては町の中にあった洋服屋、雑貨屋、靴屋、家電屋、大工・建築関係等のさまざまな業種は、今では寡占化、系列化されています。または業種によっては淘汰されるものもあります。

何度も言います。不動産業はなくなることはありません。しかし、大手に呑み込まれる可能性はあります。

しかし大手では真の地域密着はできません。なぜなら、組織があるからです。社会や地元との癒着を恐れ、常に転勤させせなければならないからです（特に管理者は）。

一方で、インターネットが日常の生活に密着したことにより、情報は誰でも極めて素早く手に入れることができます。

情報産業の中で生きている宅建業者は、いかに地域に密着できるかが、生死の分かれ目になります。

情報は人が持ってくるものであり、その情報を活かすのも人です。

不動産業は、人間産業です。

不動産業は、文字どおり、動かないものを扱っている仕事です。地域に定着しないとできない仕事です。

宅建業者として生き残っていくからには、いかに地域に密着できるか、そのためには町医者としての「不動産ドクター」になることです。

私の住んでいる町に、親子二代にわたるお医者さんがいます（以下「A先生」という）。町医者である父の跡を継ぎ、60歳を過ぎていますが、未だ現役です。

私の親、私たち、私たちの子ども、また兄弟たちも、風邪をひいたとか、どこか痛いというと、すぐにそのお医者さんのところに通います。

必要に応じて往診もしてくれます。

あるとき、私の母がトイレから出てきて、

「おしりから血が出てる。今ごろ生理だろうか」。冗談ぽく言いながら顔はひきつっていました。

私はすぐに母をA先生のところへ連れて行きました。A先生は診察が終わった後、ある総合病院に紹介状を書いてくれました。総合病院では、ひととおりの検査が終わった後、担当医から説明がありました。

「お母様はがん、大腸がんです」

母は高齢で、がんといえば不治の病と思っていた時代の人です。

本人には、大腸がんと言わず、

「お腹にできものができているので早くとったほうが良い」とA先生から聞いた同じ言葉を伝えました。

手術は無事終わり、終えた後も、母は元気に暮らし、ちょっとでも具合が悪いとA先生のところに行っていました。

母は、A先生の「お腹の中に悪い虫ができるから、食べ物には気を付けて」という言葉を守り、体に気を付けていました。

年相応に長生きし、人生を全うしました。

私も今でもA先生のように、いつまでも町の人たちに信頼される宅建業者、「不動産ドクター」になりたいと想い続けています。

あとがき

最後まで読んでくれてありがとうございます。

この本を書いている途中に交通事故を起こし、入院しました。

入院しているとき背中が病み、レントゲンを撮ってもらったら肋骨が一本折れていました。

そのとき、肝臓におかしな影があるということで内科の先生に診てもらったら「がん」でないかと言われました。

「ないか」というあやふやな表現になったのは、血液検査の腫瘍マーカーでがんの数値が出なかったからです。

先生も首をかしげて「もしかしたらがんではないかもしれない」

先生の勧めで札幌の大学病院で再検査をしました。

やはりがんに間違いない。「ステージ3」だということです。

治療をして「完全寛解」ということでひと安心。なにしろまだ現役です。仕事をしながらこの原稿を書いていました。

定期検査に行ったら、またがんができていると言われました。「小さすぎて治療できないからもう少し大きくなってから治療しましょう」ということでがんが大きくなるのを待っていました（普通はがんを小さくするのに苦労しているのに……）。

今回も無事治療が終わりました。

入院していたときはコロナウイルスが元気で誰とも面会はできません。原稿を病室に持ち込みましたが、周囲の目もあって思うようにはできませんでした。

病室はゆっくり考えるには良い環境です。

定期的に看護師さんが来て親切に体調をみてくれます。たまに冗談も言い合います。

時間になれば手元まで食事を運んでくれます。

人と話をしたくなければしなくて良い。

病室はゆっくり考えるには良い環境です。

ゆっくり考えるといっても、いざ何かを考えるとしても、頭はボーッとして何も浮かんではこない。時間だけが過ぎてゆく。原稿用紙の白いマスだけが恨めしそうに私を見ています。

人にもまれてガヤガヤしたり、緊張感のあるほうがアイデアは生まれるものかもしれません。

緊張感が脳に刺激を与えるのだろうか？

病室はゆっくり考えるには良い環境です。

70数年生きてきて何日も入院したのは初めてです。

人とあまり話をしないでじっとしていると、いろんなことが頭に浮かんできます。

環境に慣れてきたのですね。

本当にゆっくり考えるようになりました。


今、77歳。30歳で不動産の仕事を始めていますから、なんと人生の大半を不動産業で生きてきたわけです。

周りを見ると不動産業を長くやっていた仲間はそれなりに財産を得て、引退しているか、子どもに代を譲っています。

不動産業は財産（土地，建物）を扱う仕事ですから、他人様に紹介しないで自分の所有にすることができます。

たとえば安くて利回りの良いアパートの売買を頼まれたら売らないで自分の所有にするとか……。

このように繰り返していくと、一生食うに困らない財産は築くことができます。私の周りにもこのような人は何人もいます。

ここが普通の会社勤めや、公務員と違うところです。

私もいっときアパートや飲食店のオーナーになり、これで一生食っていけると思った時代がありました。

しかし、第２章２に書いたとおり、自分の甘さから失敗しました。

独立・起業の失敗の原因の多くは「自分への甘さ」にあります。

経営していくなかで、売上げ減、資金不足、お客様とのトラブル、社員の問題、仲間の裏切り等いろいろな苦労があります。

これらの原因を外に求めがちですが、「どうしてこうなったのか」自分の内側に向かって考えるべきです。

事業は社会の大きな経済の中で動いていますから、当然自分の企業もその影響は受けます。

過去において大きな経済の落ち込み、変化（オイルショック、バブル崩壊等）が起きたとき、倒産、廃業した企業はありましたが、今でも生き残っている会社も多数あります。

私の机中にしまっている、松下幸之助の「不況克服の心得十か条」に次の言葉があります。

> 第8条　「責任は我にあり」の自覚を
> 業績低下を不況のせいにしていないか。どんな場合でも、やり方いかんで発展の道はある。うまくいかないのは、自らのやり方に当を得ないところがあるからである。

そのためには日々の勉強です。

正しい判断をするためには勉強以外に道はないです。本を読み、いろいろな人の話を聞き、経験できることはしてみる。


函館に80歳を超える飲食店のオーナーがいます。

45年以上にわたり1回も休まず、全国の飲食店等のオーナーを対象にした勉強会に出ています。

全国のオーナーと知り合いになり実際にその店を訪ね、良いところは自社に取り入れる。


「**地域一番店**」になるという目標で勉強して頑張った結果、今では函館市内に17店舗を展開しています。

「地域一番店」ということは、売上げや店の規模だけを指すのでなく、地元の食材を使い、できる限り地元の会社、生産者と取引をし、年配のお母さんたちを積極的に採用し、20年以上も公園・海岸のゴミ拾い、植樹活動を行っています。

地域密着そのものです。

ナショナルチェーンや外国企業から他の地域での店舗展開の誘いを受けますが、すべてお断りです。

今では、会社名と商品は函館のブランドの一つになっています。

「ラッキーピエロ」という店です。

もう一つ大事なことがあります。

「**継続**」です。

「あいつは儲かっている。何をやってもうまくいかない。嫌になった。どこかに勤めるかな」

このような時期は必ず来ます。

辞めるのは簡単です。そして後悔するでしょう。

このような気持ちになったときは第3章8に書いたとおり、起業、独立したときの時点に戻り、どうしたら継続できるか考えましょう。

「継続」とは単純に続けることでなく、**工夫**です。**発想の転換**です。

先のラッキーピエロのオーナーは、同じ飲食業界の中で「飲む」から「食べる」に発想を変えました。しかも「飲む」ときの経営で学んだ店づくりとお客様への基本的な対応は変えていません。

私はこの本で、自分が実際に経験した失敗や、うまくいったこと、今でも行っていることを惜しみなく伝えたつもりです。